UFOs

UNBEKANNTE FLUGOBJEKTE AUS EINER ANDEREN WELT?

MOEWIG

2. Auflage
Verlagsunion Erich Pabel-Arthur Moewig KG, Rastatt

Umschlagentwurf und -gestaltung:
Werbeagentur Zeuner, Ettlingen
Printed in Germany 1993
Druck und Bindung: Elsnerdruck, Berlin
ISBN 3-8118-7321-0 (60er-Kassette)

Inhalt

Den UFOs auf der Spur

UFOs – die geheimnisvollsten Erscheinungen unserer Zeit

»Sie flogen wie ›Untertassen‹, die jemand übers Wasser geschleudert hat.« So beschrieb Kenneth Arnold, ein erfahrener amerikanischer Pilot, am 24. Juni 1947 mehrere ungewöhnliche Flugobjekte, die er über den Bergen der amerikanischen Westküste gesichtet hatte. Dieses einprägsame Bild wurde von Journalisten aufgegriffen und haftet, obwohl es nicht immer zutreffend ist, allen UFOs seither an.

Diese scherzhafte Bezeichnung ist mit schuld daran, daß seriöse Wissenschaftler die UFOs nicht ernst nehmen. Nur wenige haben sich die Mühe gemacht, diese wohl geheimnisvollsten Erscheinungen unserer Zeit näher zu untersuchen. »Unserer Zeit?« Hier setzt die Kontroverse bereits ein: Viele Berichte behaupten, daß UFOs die Menschheit durch ihre gesamte Geschichte begleitet hätten. Die Beweise sind jedoch dürftig. Es steht außer Zweifel, daß das technische Wissen unserer frühesten Vorfahren sehr viel weiter fortgeschritten war, als allgemein angenommen wird. Allerdings stützt das noch lange nicht die Theorie, daß die Erde vor langer Zeit von außerirdischen Wesen besucht wurde.

Fest steht, daß sich in den letzten dreißig Jahren Meldungen über UFO-Erscheinungen gehäuft haben. Es spricht manches dafür, daß diese Tatsache im Zusammenhang mit der beginnenden Erforschung des Weltraums durch den Menschen steht, und diese Verknüpfung wiederum gibt uns vielleicht den Schlüssel zur Erklärung der UFOs in die Hand.

Schätzungen der Gesamtzahl gesichteter UFOs sind bedeutungslos, weil sie so weit auseinanderklaffen; weiter hilft da schon ein Blick in die Materialsammlungen einzelner Forschungsunternehmen. So listete vor kurzem ein französisches Forscherteam mehr als sechshundert wissenschaftlich verbürgte Fälle allein in Frankreich auf. Wie hoch mag dann erst die Dunkelziffer sein? Zu Beginn der siebziger Jahre wurden sämtliche Berichte von UFO-Landungen in ausgewählten Ländern zusammengestellt: Auf die USA entfielen 923, auf Spanien 200.

Sind UFOs in dem Sinne wirklich, wie etwa Raumschiffe wirklich sind? Bejahen ließe sich diese Frage am leichtesten dann, wenn man eines solchen Flugobjektes habhaft werden könnte. Und hartnäckige Gerüchte wollen wissen, daß einige Länder, vornehmlich die Vereinigten Staaten, tatsächlich im Besitz von UFOs sind, was jedoch abgestritten wird. Obwohl es Zeugen gibt, die dies beschwören, wird es immer Spekulation bleiben. Doch gerade die Frage der Rolle staatlicher Behörden im Zusammenhang mit UFO-Phänomenen ist ein weiterer interessanter Aspekt der UFO-Diskussion.

Wenn es auch kein UFO gibt, das wir anfassen und untersuchen können, existiert eine Menge Material in Form von Fotografien und Filmaufnahmen. Zum größten Teil handelt es sich jedoch um eindeutige Fälschungen. Die Qualität der glaubwürdigen Bilddokumente ist allerdings so schlecht und vieldeutig interpretierbar, daß sie eigentlich nur eine weitere Frage aufwerfen: Wenn UFOs existieren und heutzutage doch so viele Menschen mit Kameras ausgerüstet sind, warum haben wir dann noch keine beweiskräftigeren Aufnahmen?

Für die Realität der UFOs spricht, daß sie offenbar auf irdische Objekte, insbesondere technische Apparaturen, einwirken können. Als sich an einem frühen Novembermorgen 1967 ein Lastkraftwagen und ein Personenwagen auf einer Straße in Hampshire/Südengland einander näherten, fiel bei beiden Fahrzeugen gleichzeitig der Motor aus, als ein großes eiförmiges Objekt zwischen ihnen die Straße kreuzte. Der Vorfall wurde von der Polizei und dann auch vom Verteidigungsministerium untersucht, aber es kam zu keiner offiziellen Stellungnahme. Auch wenn in solchen

Fällen die Behörden vor einem Rätsel stehen, ergibt sich eine Schlußfolgerung: UFOs haben konkrete Auswirkungen auf irdische Gegenstände, also müssen sie auch konkret existieren.

Wenn UFOs materielle Objekte sind, müssen sie irgendwoher kommen. Als in den vierziger Jahren erstmals in jüngerer Zeit UFOs gesichtet wurden, nahm man an, daß sie irdischen Ursprungs waren. Die Amerikaner hielten sie für eine geheime Erfindung der Sowjetunion, die möglicherweise unter der Mitwirkung bei Kriegsende gefangengenommener deutscher Wissenschaftler entstanden war.

Je mehr Berichte vorlagen, desto klarer wurde jedoch, daß dafür kein Staat auf dieser Erde verantwortlich sein konnte. Als ebenso unplausibel erwiesen sich andere Theorien – weder der lange Zeit als Staat geheimen menschlichen Wissens betrachtete Himalaja noch die Antarktis mit ihren unerforschten Weiten und extremen Klimabedingungen überzeugten als Herkunftsort der Flugobjekte. Durch den Beginn der Erforschung des Weltraums ermutigt, wandten sich die Ufologen nun dem außerirdischen Bereich zu. In dem Maße, wie wir Erdenmenschen uns für außerirdische Welten zu interessieren begannen, erschien es einleuchtender, daß auch andere Zivilisationen in ähnlicher Weise an uns interessiert sein könnten.

Wenn die Zahl der möglichen Orte von Leben im Universum nahezu unbegrenzt ist, besteht doch nur geringe Wahrscheinlichkeit, daß sich darunter eine Zivilisation befindet, deren Entwicklungsstufe Raumfahrt ermöglicht. Auch das Fehlen stichhaltiger Beweise spricht nicht gerade für die Hypothese vom außerirdischen Ursprung der UFOs. Selbst wenn sie naheliegt, bleibt sie doch Spekulation.

Es ist sicher, daß UFOs nicht nur in den Bereich der Astronomie und Technik fallen, sondern auch in den der Wissenschaften vom menschlichen Verhalten. Während die Psychologen behaupten, daß es von der psychischen Konstitution abhängt, wie Menschen auf UFOs reagieren, sehen die Soziologen die gleichen Reaktionen in einem größeren gesellschaftlichen Zusammenhang und beziehen sie auf kulturspezifische Denkmuster. Die Anthropologen wiederum stellen Parallelen zu Mythen und tradierten Glaubensmustern her, während die Parapsychologen feststellen, daß UFO-Beobachtungen häufig mit übersinnlichen Phänomenen, wie Präkognition und Poltergeisterscheinungen, einhergehen.

Letzteres gilt besonders für Fälle, in denen die Augenzeugen behaupten, unmittelbar mit UFO-Insassen zusammengetroffen zu sein. Diese werden allgemein als außerirdische Wesen beschrieben und vielfach als Botschafter intergalaktischer Mächte gesehen; ihre Aufgabe sei es, die Menschen zu erforschen, sie vor dem Mißbrauch natürlicher Ressourcen zu warnen und ihnen Grußbotschaften aus dem Kosmos zu überbringen. Da nicht nur ein oder zwei, sondern Hunderte solcher Fälle aktenkundig wurden, kann man sie wohl kaum als Hirngespinste abtun.

Es ist nahezu sicher, daß UFOs sowohl materielle als auch psychologische Erscheinungen sind. Es geht darum, zu begreifen, daß es sie zwar gibt, aber daß sie doch nicht das sind, was sie zu sein scheinen. Dieses grundlegende Paradoxon der UFO-Forschung soll nun anhand einiger klassischer Fallberichte untersucht werden.

Vogel, Flugzeug oder UFO?

Am Nachmittag des 7. Januar 1948 wurde über dem Godman Flughafen im amerikanischen Bundesstaat Kentucky eine sonderbare helle Lichterscheinung festgestellt, die dort mehrere Stunden lang am Himmel zu sehen war. Der Kommandant eines die Region überfliegenden Verbandes von F-51-Jägern, Captain Thomas Mantell, erklärte sich, obgleich eigentlich auf einem Routineflug, bereit, seine Flugzeuge abzubeordern, um dem glitzernden Himmelsobjekt nachzuspüren. Bald schon mußten die Piloten umkehren, weil ihre Sauerstoffgeräte für die große Höhe nicht mehr ausreichten. Nur Mantell setzte die Verfolgung fort. Bei sechstausend Metern meldete er ein metallenes Objekt über sich. Kurze Zeit später fand man die weit verstreuten Trümmer seiner F-51. Einem damaligen Bericht zufolge, der auch bis heute nicht widerlegt werden konnte, wurde Mantell von einem UFO abgeschossen.

Am 31. Dezember 1978 beobachteten zwei Polizeibeamte in der englischen Grafschaft Hertfortshire, starr vor Staunen, wie ein bizarres Flugobjekt lautlos über ihnen dahinglitt. Sein zigarrenförmiger, silbriger Rumpf schien seitlich mit Fenstern bestückt. Hinter sich her zog es schimmernde orangefarbene Bänder. Es schwebte langsam außer Sicht.

Die Polizisten wußten nicht, daß außer ihnen Hunderte anderer Menschen, darunter Flugzeugpiloten und Angehörige der Küstenwache, aus vielen Teilen Großbritanniens von dem gleichen Phänomen berichtet hatten. Es wurden Zusammenhänge mit Erscheinungen hergestellt, die ein Fernsehteam am Vortag an der Küste von Neuseeland aufgenommen hatte. Dieser Film hatte bereits die Weltöffentlichkeit erregt. Auch hier könnte es sich durchaus um ein UFO gehandelt haben.

Offenbar kommt es unter bestimmten Bedingungen sehr leicht dazu, ganz normale Flugobjekte für UFOs zu halten, insbesondere dann, wenn sie bei Nacht über menschenleeren Gegenden gesichtet werden. So gab es zum Beispiel den Fall einer Frau, die sich eine Stunde lang in ihrem Schlafzimmer einschloß und unter dem Bett versteckte, weil sie am Himmel ein Objekt gesichtet hatte, das sie für ein UFO hielt. Es entpuppte sich aber dann als ein Stern.

Der amerikanische Ufologe Allan Hendry berichtet von einem Mann, der durch ein hell erleuchtetes Flugzeug in solche Panik versetzt wurde, daß er in wilder Flucht die Tür seines Nachbarn aus den Angeln brach. So wunderlich diese Geschichten auch klingen mögen, wäre es doch falsch, diese Menschen einfach als Hysteriker abzutun.

So berichtete auch Jimmy Carter 1973, als er noch Gouverneur in Georgia war, von einer strahlenden Lichterscheinung am Himmel. Das Objekt, das seine Farbe wechselte, schwebte lautlos zehn Minuten lang in neunzig Meter Höhe, bevor es sich auf Dachhöhe herabsenkte. Nach verschiedenen Manövern verschwand es wieder. Zwölf weitere Personen bezeugten dieses Vorkommnis. Trotz der »offiziellen« Erklärung, es habe sich um den Planeten Venus gehandelt, hält sich doch hartnäckig die Überzeugung, daß es ein UFO gewesen sei, zumal Carter sich als ehemaliger Marineoffizier am Sternenhimmel sehr gut auskannte und zweifellos in der Lage hätte sein müssen, die Venus zu identifizieren.

Unterscheidungshalber verwendet man die Bezeichnung »echtes UFO« allgemein für Erscheinungen, die sich nicht bei näherer Untersuchung als bekannte Flugobjekte erweisen. Andernfalls spricht man von einem IFO – einem identifizierbaren Flug-Objekt.

Ufologen teilen die UFO-Berichte in verschiedene Kategorien ein, von denen jedoch zwei die wichtigsten sind: die »wenig präzisen« und die »mittel-präzisen« Beobachtungen.

Bei den wenig präzisen Beobachtungen, die 45 % aller Fälle ausmachen, handelt es sich um Lichterscheinungen oder formlose Phänomene am Himmel, wobei deren Farbe keine große Rolle spielt; meistens ist sie Weiß, aber schon durch ein kleines Wölkchen oder Rauchschwaden kann sich die Tönung verändern. Hier einige Anhaltspunkte, wie Sie sich verhalten können, wenn Sie eine unidentifizierte Lichterscheinung am Himmel sichten:

Achten Sie zuerst darauf, ob das Licht auf einer Stelle stehen bleibt oder ob es sich bewegt. Im ersten Fall handelt es sich wahrscheinlich um einen Stern oder Planeten. Gestirne werden am häufigsten für UFOs gehalten. Natürlich stehen sie nicht still, aber sie bewegen sich vom Beobachter aus gesehen so langsam, daß dieser es normalerweise nur im Laufe mehrerer Stunden bemerkt. Zur Sicherheit können Sie eine Sternenkarte zu Rate ziehen.

Die Venus, das hellste Gestirn am Nachthimmel, steht zu bestimmten Jahreszeiten der Erde sehr nahe und bietet sich besonders für Verwechslungen an. Selbst am Tag ist sie für den geschulten Beobachter als heller weißer Fleck wahrnehmbar. Es gibt viele Erklärungen, weshalb Sterne und Planeten nicht als solche erkannt werden. Häufig liegt es an optischen Täuschungen oder dem

Phänomen der »Autokinese«, die den Eindruck entstehen läßt, als ob Sterne ziellos am Himmel dahinschießen.

Bewegt sich die Lichterscheinung, so gilt es als nächstes festzuhalten, ob sie einer gleichbleibenden Flugbahn folgt, auf und ab schwebt oder plötzlich die Richtung wechselt. Eine gleichbleibende Flugbahn kann auf verschiedene Flugobjekte hindeuten. Genaueres läßt sich gewöhnlich bei Bewertung der Dauer der Erscheinung sagen. Ist diese sehr kurz, kann es sich um einen Meteor handeln – Materieteilchen aus dem Weltraum, die beim Eintreten in die Erdatmosphäre verglühen. Meteore leuchten gewöhnlich für ein bis zwei Sekunden auf und ziehen bei ihrem Flug über den Nachthimmel einen Lichtschweif hinter sich her.

Manchmal handelt es sich um eine größere Menge Materie, die länger braucht, um zu verglühen. In diesem Fall sprechen wir von einem Boliden oder Feuerball. Er leuchtet bis zu zehn Sekunden lang und verursacht ein grollendes oder zischendes Geräusch. Boliden können ebenfalls, wenn auch selten, bei Tage gesichtet und von vielen Menschen über ein relativ großes Gebiet hinweg beobachtet werden. Der Vorgang ähnelt dem Wiedereintreten von Satelliten in die Erdatmosphäre – ebenfalls häufiger Anlaß für Mißdeutungen.

Um die Erde kreisen Hunderte von künstlichen Satelliten. Viele davon sind zu klein, als daß wir sie überhaupt sehen könnten, andere jedoch erscheinen mehrere Minuten lang als leuchtende Punkte am Himmel. Beim Wiedereintauchen in die Erdatmosphäre können sie ein spektakuläres Bild abgeben. Die einzelnen Teile leuchten, wenn sie verglühen, in verschiedenen Farben auf und hinterlassen zuweilen über mehrere Minuten sichtbare Lichtspuren in der äußeren Atmosphäre. Es kann sogar vorkommen, daß einzelne Teile unverglüht auf der Erde auftreffen, wie etwa beim amerikanischen Weltraumlabor Skylab, das im Juli 1979 in Westaustralien niederging.

Noch häufiger mit UFOs verwechselt werden jedoch Flugzeuge, deren Beleuchtung vielfältige Effekte am dunklen Himmel auslösen kann. Suchscheinwerfer sind oft aus großer Entfernung noch zu sehen. Direkt auf den Beobachter gerichtet, können sie lange

Zeit scheinbar stillstehen, um dann in bunte Lichtpunkte auseinanderzufallen, wenn die Positionslampen sichtbar werden. Sehr helles, blauweißes, in kurzen Abständen aufblitzendes stroboskopisches Licht wird ebenfalls leicht fehlgedeutet. In vielen Ländern werden Flugzeuge zu Reklamezwecken mit elektronischen Leuchtanzeigen ausgerüstet. Sie fliegen sehr langsam, damit die Werbebotschaft gelesen werden kann. Bestimmte Blickwinkel können dann eine sehr verfremdende Wirkung haben.

Flugzeuge sind, verglichen mit Himmelskörpern, relativ wendig, und für Hubschrauber gilt dies in noch sehr viel höherem Maße. Folglich hat man in solchen Fällen oft den Eindruck, daß die Lichterscheinung nicht einer gleitenden Flugbahn folgt, sondern die Richtung wechselt, ihre Geschwindigkeit verringert und möglicherweise sogar stehen bleibt. Der Wind kann die Motorengeräusche in eine andere Richtung tragen, so daß nur noch ein geisterhaftes Licht am Himmel übrigbleibt.

Die meisten dieser Erscheinungen treten nur bei Nacht auf. Ein anderes Flugobjekt wird jedoch oft bei Tage für ein UFO gehalten – der Ballon. Wetterstationen lassen regelmäßig Ballons aufsteigen, um die Windrichtung festzustellen oder Meßinstrumente in die oberen Luftschichten hineinzutragen. Wenn der Ballon in großer Höhe dahintreibt, reflektiert seine glatte Oberfläche das Sonnenlicht. Von der Erde aus gesehen, kann der silbrige Punkt am Himmel als rundes oder kegelförmiges Flugobjekt erscheinen.

Bei mittelpräzisen Beobachtungen ist hingegen immer eine deutliche Form erkennbar. Sie treten zwar auch nachts, meistens jedoch am Tage auf. Sie machen 35 % aller Fälle aus. Hierbei ist die Bewegung das wichtigste Kriterium. Ein klar umrissenes Objekt, das längere Zeit auf der Stelle schwebt, ist mit einiger Wahrscheinlichkeit kein Flugzeug, höchstens ein sich außer Hörweite befindlicher Hubschrauber.

Luftschiffe mit ihrer zigarrenförmigen Form werden oft für UFOs gehalten, desgleichen Flugdrachen. Oft bewegen sich die Flugobjekte mit wechselnden Geschwindigkeiten in einer Richtung. Auch hier wird es sich vielfach um ein Flugzeug handeln.

Bei grellem Sonnenlicht können Tragflächen und Leitwerk unsichtbar bleiben und kann nur noch der Rumpf als länglicher oder zylindrischer metallischer Körper erscheinen. Selbst Wolken wurden schon für UFOs gehalten. Ein bestimmter Wolkentypus, die »Lentikularwolke«, sieht aus wie eine fliegende Scheibe. Obgleich eine seltene Himmelserscheinung, haben solche langsam dahinziehenden Wolken schon manchen irregeführt.

Vogelschwärme können ebenfalls Verwirrung stiften. Bei Tag kann es vorkommen, daß die reflektierenden Körperunterseiten bestimmter Vogelarten im Sonnenlicht glänzen und als ovale weiße Formen erscheinen, während der obere Körperteil nicht sichtbar ist. Auch das Licht von Straßenlaternen kann am Himmel reflektiert werden.

Natürlich ist es nicht möglich, hier alle Verwechslungsmöglichkeiten aufzuführen. Von NUFON (Northern UFO Network) veröffentlichtes Material umfaßt 29 Hauptkategorien, und wir kennen noch weitere hundert Erklärungen für aufgetretene Fehldeutungen.

Die beiden zu Beginn dieses Kapitels erwähnten Fälle sind typisch für UFO-Sichtungen; dennoch ist es wenig wahrscheinlich, daß es sich dabei tatsächlich um UFOs gehandelt hat. Das von Captain Mantell gejagte Objekt war vermutlich einer der gut dreißig Meter im Durchmesser großen »Skyhook«-Ballons, die die US-Marine damals in geheimen Tests erprobte. Die Luftwaffe wußte nichts von der Existenz dieser Ballons, allerdings läßt sich diese Version bis heute nicht beweisen. Die »offizielle« Lesart, daß es sich bei der vom Boden aus gesichteten Erscheinung um die Venus gehandelt hat, ist in keiner Weise überzeugend.

Zum Erlebnis des Polizisten aus Hertfortshire bietet sich die Erklärung an, daß eine sowjetische Antriebsrakete in dieser Nacht wieder in die Erdatmosphäre eintauchte und, während sie verglühte, auch Nordeuropa überflog. Mit dem neuseeländischen Film hatte dieser Vorfall überhaupt nichts zu tun. Dies alles besagt natürlich nicht, daß bei näherer Untersuchung der geheimnisvollen Phänomene immer identifizierbare Flugobjekte »entlarvt« werden.

Wenn Sie ein Flugobjekt sichten, auf das keine der geschilderten Erklärungen zutrifft, handelt es sich mit großer Wahrscheinlichkeit um ein echtes UFO.

Wenn es an handfesten Beweisen fehlt...

Die UFO-Forschung basiert überwiegend auf Erfahrungsberichten von Laien. Diese sind häufig sehr vage und können leicht als Halluzinationen, Fehldeutungen oder auch als schlichte Erfindung abgetan werden.

Deshalb wünscht sich natürlich jeder Ufologe die Möglichkeit eines direkteren Zugangs zu seinem Forschungsgegenstand – etwas, das sich sezieren, messen oder analysieren läßt. Ideal wäre es, selbst einmal ein UFO zu sichten. Warum erfahren solche Ereignisse nur Menschen, die die Bedeutung gar nicht abzuschätzen wissen? Warum nicht einmal der Vorsitzende der Vereinigung britischer UFO-Forscher? Warum entführen die Außerirdischen nicht wenigstens einmal berühmte Ufologen wie Aime Michel oder Dr. J. Allen Hynek, die ein solches Erlebnis wohl am besten auszuwerten wüßten?

Wenn sich solche Träume schon nicht erfüllen, hätte der Ufologe doch gerne wenigstens greifbare Beweise: zum Beispiel das Wrack einer fliegenden Untertasse oder einige Stücke davon. Aber da auch diese Erwartung sich bisher nicht erfüllt hat, muß sich der Ufologe weiter bescheiden, indem er versucht, Zeugenaussagen mit Hilfe von Radargeräten oder Fotografien zu belegen. Dies ist ein wichtiger Bereich der angewandten Ufologie.

Ein weiterer besteht in der Überprüfung von Hypothesen. Ergeben Analysen von UFO-Berichten, daß ungewöhnliche Flugobjekte besonders häufig an bestimmten Orten zu bestimmten Zeiten oder unter bestimmten meteorologischen Bedingungen auftreten, so sind dies Anhaltspunkte für Hypothesen, die sich überprüfen lassen. Das gleiche gilt, wenn Zeugen angeben, von den Außerirdischen direkt Informationen über deren Herkunft erhalten zu haben. Beispielsweise Schilderungen von Details ihres Heimatplaneten. Wenn es den Astronomen gelänge, einen solchen, bisher unbekannten Planeten zu lokalisieren, so wäre dies, wenn auch noch kein absoluter Beweis, so doch eine gewichtige Erhärtung der Glaubwürdigkeit des Berichts.

Beide Ansätze wurden von den Ufologen, wenn auch nur in geringem Umfang, verfolgt. Da für diesen Zweck keine öffentlichen Mittel zur Verfügung stehen, müssen die meisten Ufologen ihre Forschung selbst finanzieren. Es ist daher nicht verwunderlich, daß solche Projekte nur in beschränktem Umfang und sporadisch realisiert werden können.

Viele Ufologen nutzen auch die Möglichkeit der Himmelsbeobachtung an erfahrungsgemäß günstigen Punkten und mit besonderen technischen Hilfsmitteln. In Großbritannien werden für solche Aktionen häufig die Berge um Warminster in der Grafschaft Wiltshire gewählt. Im Lauf der Jahre haben Tausende von Menschen die Nacht auf dem Cradle Hill verbracht und den Sternenhimmel beobachtet. Die Ergebnisse waren jedoch, gelinde gesagt, fragwürdig. Selbst wenn echte Phänomene auftraten, gingen sie doch rasch unter in der Masse der Sinnestäuschungen, ausgelöst durch Hubschrauber, Autoscheinwerfer oder gar Taschenlampen und Feuerzeuge anderer auf dem Berg Anwesender – von bewußten Täuschungen ganz zu schweigen.

Noch weniger effektiv als die Unternehmungen in Warminster war eine *Soirée d'observation,* den das französische *Institut Mondial des Sciences Avancées* im Juni 1982 gemeinsam mit dem bekannten Science-fiction-Autor Jimmy Guieu in einer Burgruine im Elsaß veranstaltete, von der aus Lichterscheinungen gesichtet worden waren. Ein sonderbares Schauspiel. Trotz des strömenden Regens erschienen über fünfzig Personen: Das Barbecue war ein großer Erfolg, ein zum Institut gehörender Hypnotiseur gab eine aufsehenerregende Vorstellung, und bis Mitternacht hatte man etliche Flaschen Wein geleert. »Nur«, sagte einer der Teilnehmer später, »die UFOs sind nicht gekommen. Und selbst wenn sie da gewesen wären, hätten wir sie wegen des Frühnebels nicht sehen und wegen des lauten Flaschengeklirrs auch nicht hören können.«

Zum Glück gibt es jedoch auch ernsthaftere Projekte. Das bisher ehrgeizigste war wohl das von Ray Stanford auf dem Land bei Austin im amerikanischen Bundesstaat Texas organisierte Projekt *Starlight international*. Von 1973 an beschaffte sich Stanford mit seinem Team eine beeindruckende Ausrüstung. Dazu gehörten unter anderem ein Radargerät, das auf einem Turm aufgestellt war und das darunter liegende Tal überwachen konnte, sowie eine Reihe von Magnetschreibern, die automatisch ein breites Spektrum ungewöhnlicher Daten aufzuzeichnen vermochten: elektrostatische Phänomene, Temperaturschwankungen, Gravitationsabweichungen, Druckschwankungen und selbst auffällige Geräusche. Außerdem verfügten sie über zwei Anlagen zur Kommunikation mit UFOs. Bei der ersten handelte es sich um einen UFO-Vektor, ein Gerät, das mit Hilfe eines roten Laserstrahls bis zu zweieinhalb Millionen Bits – Informationseinheiten – pro Sekunde in Form von Stimm- oder Videosignalen zu jedem in Sichtweite befindlichen UFO hinaufzuschicken und jede Antwort automatisch aufzuzeichnen vermag. Das zweite bestand aus 91 Scheinwerfern, die so um ein zentrales Blinklicht angeordnet waren, daß damit Tausende verschiedener Signalmuster hevorgebracht werden konnten. Diese Anlage sollte dazu dienen, sich mit UFOs in mathematischen oder sonstigen Codes zu verständigen.

Ferner verfügte das Unternehmen noch über das System ARGUS, die Abkürzung für »*a*utomatic *r*ing-up on *g*eolocated *U*FO *s*ightings« (automatisches Warnsystem für Bodensichtungen von UFOs). Diese Anlage gewährleistet, daß die Beobachter sofort informiert werden, wenn die Suchgeräte ein UFO erfassen, damit sie es fotografieren können. Entfernt es sich wieder, stellen die Überwachungsgeräte seinen Kurs fest und alarmieren Beobachter der an der Flugbahn des UFOs liegenden Stützpunkte. Alle Fotografien werden von einem Computer analysiert, um Entfernung, Größe und Höhe des Flugobjekts feststellen zu können.

»Operation Starlight« ist der Traum eines jeden Ufologen. Eine Ausrüstung wie diese im Wert von ungefähr einer halben Million Dollar ist für die meisten Ufologengesellschaften unerschwinglich. Außerdem bleibt die Frage, ob sich die UFOs auch ausgerechnet dort zeigen, wo dieses ganze raffinierte Instrumentarium installiert ist. Immerhin beansprucht das Starlight-Team für sich, mehrere beeindruckende Beobachtungen gemacht zu haben.

»Dieses Projekt ist einzigartig auf der Welt«, behauptet Stanford. »Wir versuchen, der wissenschaftlichen Welt Beweise vorzulegen, die sie dazu veranlassen sollen, die Ufologie ernst zu nehmen.« Den Unterlagen des Projekts nach zu urteilen, rechtfertigen die Ergebnisse bislang keinesfalls den hohen Aufwand an Geld und Zeit; aber dieses ehrgeizige Unterfangen verdient Bewunderung, und wenn das Rätsel der UFOs überhaupt mit den Mitteln der angewandten Ufologie lösbar ist, auch greifbare Erfolge.

Eine ganz andere Methode der Himmelsbeobachtung betreibt der spanische Ufologe Luis José Grifol aus Barcelona. Seit Mitte der siebziger Jahre sucht Grifol immer wieder die Berggegend um das Kloster Monserrat auf, von der er glaubt, daß sie wegen ihrer weit zurückreichenden kulturellen und religiösen Tradition auch für UFOs besonders interessant ist. Diese Annahme einmal dahingestellt, hat Grifol doch zwischen 1977 und Ende 82 immerhin 500 Fotos von ungewöhnlichen Himmelserscheinungen allein in dieser Region zusammengetragen.

Grifol verläßt sich nicht auf komplizierte Apparaturen, sondern glaubt vielmehr, daß UFOs auf telepathischem Wege mit ihm kommunizieren. Er behauptet, bei den Besatzungsmitgliedern der von ihm fotografierten UFOs handle es sich um »intelligente Wesen aus dem Weltraum«, genauer gesagt, von einem Planeten zwischen den Sternen Bellatrix und Rigel im Sternenbild des Orion. Im August 1980 bat Grifol im Beisein von 17 Zeugen seinen außerirdischen Kommunikationspartner um einen Beweis für diese Verbindung, der darin bestehen sollte, daß sie mit ihren UFOs nach seinen Anweisungen bestimmte Manöver ausführten. Grifol behauptet, die Außerirdischen seien dieser Bitte auch 20 Sekunden lang nachgekommen.

Grifol zufolge muß man sich, um in dieser Weise Verbindung aufnehmen zu können, in einer geeigneten geistigen und spirituellen Verfassung befinden, sich von den irdischen Belangen losgelöst und »höheren Dingen« zugewandt haben. Wenn Grifols Beobachtungen auch nicht durch weitere Daten untermauert wurden, verdanken wir ihm doch 500 bemerkenswerte Aufnahmen.

Auch noch andere Regionen sind als UFO-Beobachtungspunkte berühmt. Landeinwärts von Trondheim, in Mittelnorwegen, liegt der dünn bevölkerte Bezirk Hessdalen. Obwohl auf den ersten Blick nichts dafür spricht, weshalb gerade diese Gegend von den UFOs bevorzugt werden sollte, kommen doch seit Dezember 1981 ständig UFO-Meldungen aus diesem Distrikt. Eine solche Konzentration von UFO-Erscheinungen kommt selten vor, und die norwegischen Ufologen nutzten die Gelegenheit.

Einen typischen Augenzeugenbericht gibt der Bergmann Bjarne Lillevold. Er schildert, was er am 24. September 1982 erlebte:

»Auf dem Heimweg von der Arbeit sahen ein Kumpel und ich ein Licht vor einem der Berge bei Hessdalen. Als wir etwa fünf Kilometer weiter gefahren waren, begann das unbekannte Objekt sich über dem Wald bei Ålen herabzusenken. Als wir Ålen erreichten, schwebte das Ding dicht über den Bäumen. Mein Begleiter, der das berühmte UFO von Hessdalen noch nie gesehen hatte, war sehr aufgeregt. Wir fuhren ins Zentrum von Ålen und erblickten dann ein zweites Objekt, das aus Richtung Hessdalen kam und unterhalb des ersten stehenblieb. Mit meinem Moped fuhr ich weiter nach Hessdalskjølen. Dort sah ich ein weiteres Flugobjekt bei einer Bauernkate. Zuerst glaubte ich, die Kate stünde in Flammen, aber dann bemerkte ich, daß es etwas anderes war. Es sah aus wie ein umgedrehter Weihnachtsbaum und war größer als die ganze Kate. Es schwebte etwa vier Meter über dem Hügel und hatte ein rotes Blinklicht. Außerdem schien über dem ganzen Ding eine merkwürdige ›Decke‹ zu liegen. Das Flugobjekt bewegte sich etwa zwanzig Minuten lang wie ein Jo-Jo auf und ab. Wenn es sich dicht über dem Boden befand, verblaßte das Licht, aber auf dem höchsten Punkt war es so hell, daß ich nicht lange hinschauen konnte. Sobald das Licht schwach war, konnte ich durch es hindurchsehen wie durch Glas ...«

Die norwegischen Forscher waren entschlossen, die Gelegenheit zu nutzen, so viele praktische Untersuchungen wie möglich anzustellen. Leif Havik von der norwegischen Ufologenvereinigung sagte: »Um zu Ergebnissen zu gelangen, hätten wir mindestens einen Monat dortbleiben müssen. Mit unseren wenigen aktiven Mitgliedern und unzureichenden Mitteln und ohne jede Unterstützung war das auch so schon das Optimum, was wir tun konnten.« Ausgerüstet mit allen auftreibbaren Geräten, vor allem Magnetfeldmessern, Spektralanalysegeräten und Feldstärkemessern, Infrarotkameras und so weiter, unternahm man mehrere Expeditionen in die wild zerklüfteten Berge um Hessdalen. Auch wenn diese Messungen nur enttäuschende Resultate brachten, gelang es doch sieben verschiedenen Fotografen, viele außergewöhnliche Phänomene festzuhalten. Die Aufnahmen ähneln sich alle. Leider sind auf den meisten nur vage Farbflecken erkennbar. Augenzeugen wollen allerdings mehr über die Form dieser Flugobjekte wissen. Ihre Angaben sind jedoch sehr unterschiedlich und reichen von einfachen Rechtecken bis hin zu der klassischen Scheibenform. Auch aus den Aufzeichnungen über die Bewegungen der UFOs ergaben sich bestimmte Muster, so daß man wohl davon ausgehen kann, daß diese Forschungen sich noch als sehr bedeutsam erweisen werden.

Die norwegischen Forscher hoffen, daß es ihnen zumindest gelingen wird, andere, die mehr Mittel zu ihrer Verfügung haben, durch das gesammelte Material davon zu überzeugen, daß derartige Phänomene erforschenswert sind. Die norwegische Luftwaffe war bislang nicht bereit, solche Projekte zu unterstützen, da derlei Aufgaben nicht in ihren Zuständigkeitsbereich fielen, solange es nicht um kriminelle Handlungen ginge. Die norwegischen Ufologen versuchten zu argumentieren, daß UFOs sehr wohl potentiell gegen die Gesetze verstoßen, indem sie den norwegischen Luftraum verletzen; aber dies überzeugte die Behörden nicht.

Bei alledem häufen sich doch die Beweise für die Existenz von UFOs, und die Forschung wird dies auf Dauer nicht ignorieren können. Aus den Analysen der norwegischen Ufologenvereinigung geht hervor, daß das Auftreten der UFOs nach bestimmten Mustern erfolgt: Die Häufigkeit des Erscheinens schwankt mit der Tageszeit und – aus bislang unerklärlichen Gründen – auch mit dem Datum: Sie treten vermehrt auf zwischen dem 15. und dem 25. eines jeden Monats. Merkwürdig ist auch, daß den Berichten zufolge doppelt so viele UFOs von Norden nach Süden flogen wie in umgekehrter Richtung. Dies galt auch für die berühmten »Geisterraketen«, die 1946 über Norwegen und anderen skandinavischen Ländern gesichtet wurden. Die wenigen, die aus südlicher Richtung kamen, verleiteten zu der Annahme, daß es sich dabei um militärische Flugkörper handle, die aus den ehemaligen Raketenstützpunkten der Deutschen bei Peenemünde stammten. Dies ist jedoch mit ziemlicher Sicherheit ausgeschlossen.

Leif Havik glaubt ebenso wie der Spanier Grifol, daß die UFOs – oder ihre Lenker – sich sehr wohl der Tatsache bewußt sind, daß sie beobachtet und untersucht werden. Dafür spricht nach Ansicht Haviks die Tatsache, daß die UFOs immer dann verschwinden, wenn er im Begriff ist, sie mit Hilfe von Instrumenten festzuhalten:

»Der Hauptgrund, weshalb ich glaube, daß UFOs irgendeiner Form gezielter Steuerung unterliegen, ist folgender: Fünfmal habe ich genau in dem Augenblick ein UFO gesehen, in dem ich auf dem Berg ankam, noch ehe ich Zeit hatte, ein Foto zu schießen. In allen fünf Fällen befand ich mich weniger als 100 Meter von dem von mir gewählten Beobachtungspunkt entfernt.«

Trotz der Fülle solcher vager Schilderungen spricht auch vieles dafür, daß UFOs tatsächlich auf die Beobachtungsaktivitäten der Menschen reagieren, und in einigen Fällen gelang es sogar, dieses Phänomen mit Hilfe von Aufzeichnungsgeräten festzuhalten.

Wer beobachtet wen?

Der Begriff »praktische Ufologie« ist eigentlich ein Widerspruch. Wegen des unklaren und oft paradox erscheinenden Beweismaterials kann dieses Phänomen auf der materiellen Ebene nicht überzeugend erklärt werden. Sind die UFOs deshalb nur als psychisches oder übersinnliches Phänomen begreifbar?

Viele namhafte Ufologen meinen mit dem Franzosen Jacques Vallée, daß das Problem wesentlich komplexer sei. Vallée erklärte 1975 in einem für das amerikanische Luft- und Raumfahrtinstitut verfaßten Artikel: »Das UFO-Phänomen ist Produkt einer Technologie, die physikalische und übersinnliche Erscheinungen auf einen Nenner bringt.« Wenn diese Behauptung zutrifft, ist es wohl in Anbetracht der Tatsache, daß die herkömmliche Wissenschaft wesentlich besser auf physikalische als auf übersinnliche Gegenstände eingerichtet ist, das beste, sich vor allem auf die Erforschung des materiellen Aspekts zu konzentrieren.

So dachte auch der an der Southeast Missouri State University in Cape Girardeau tätige Physikprofessor Harley Rutledge, als er sich 1973 einer faszinierenden Herausforderung stellte. In der Nähe der Stadt Piedmont, etwa 80 Kilometer von Cape Girardeau entfernt, hatten viele Augenzeugen unter unterschiedlichsten Bedingungen sich allen Erklärungsmustern entziehende seltsame Lichterscheinungen gesichtet. Rutledge versammelte ein Team Experten aus verschiedenen Wissenschaftsbereichen, beschaffte sich Überwachungs- und Aufzeichnungsgeräte und machte sich auf den Weg zum Beobachtungsort in der Annahme, daß zwei oder drei Wochenenden zur Untersuchung ausreichen würden.

Doch erst sieben Jahre später wurde der Forschungsbericht veröffentlicht: In nahezu 2000 Stunden sichteten die Experten 178 UFOs, von denen sie allein 157 mit Hilfe ihrer Meßgeräte festgehalten hatten. Das Team kombinierte dabei Beobachtungen mit dem bloßen Auge und Fotografien mit Radaraufzeichnungen und anderen technischen Mitteln, die gleichzeitig von verschiedenen Punkten aus eingesetzt wurden.

Bei den Phänomenen handelte es sich um Lichterscheinungen am Himmel, die zumeist nachts auftraten und entweder keine oder nur eine diffuse Form aufwiesen. Im allgemeinen sind die Ufologen in derartigen Fällen skeptisch, da sich aus bloßen Lichtflecken kaum verwertbare Schlüsse ziehen lassen und häufig Fehldeutungen vorkommen. Während es sich bei einer mit einer Kuppel und Bullaugen ausgestatteten Scheibe um einen normalen Flugkörper oder auch nur um eine Einbildung handeln kann, ist die Herkunft von Lichtflecken ebensogut von Autoscheinwerfern, Meteoriten, Satelliten oder auch nur von Lichtreflektionen durch einen Vogelschwarm möglich. Dank der praktisch orientierten Vorgehensweise des Rutledge-Teams, das sich nur mit den Beobachtungsfakten befaßte, konnten solche Fehldeutungen ausgeschlossen werden. Mit der Triangulation-Vermessungstechnik konnten Ort und Flugbahn der Objekte genau festgestellt werden, was bedeutete, daß auch ihre Größe, Flughöhe und Geschwindigkeit exakt berechenbar wurde.

Hier ein typisches Beispiel für diese Technik. Es stammt vom 25. Mai 1973. An diesem Abend befand sich je eine mit Radar und Funkgeräten ausgerüstete Beobachtungsgruppe auf dem Pyle's Mountain (P) und auf dem Mudlick Mountain (M). Zwischen den beiden Punkten lagen etwa 18 km.

Um 21.37 Uhr meldete die Gruppe P eine Lichterscheinung in westlicher Richtung. Die Gruppe M bestätigte dies sofort und begann unverzüglich mit der Ortung.

Um 21.42 Uhr meldete die Gruppe P, daß das Objekt »sich ziemlich langsam am Himmel bewegt, ziemlich hell ist, wie ein Stern erster Ordnung, von gelblich-oranger Farbe«. Die Gruppe M berichtete: »Wir haben es jetzt genau im Blick.«

Um 21.43 Uhr konnte die Position des Objekts exakt berechnet werden. Zwischen 21.43 Uhr und 21.46 Uhr wurden auf diese Weise neun Punkte seiner Flugbahn im Abstand von 15 Sekunden lokalisiert. Eine Berechnung klappte wegen einer Funkstörung nicht, aber die Gruppe bestätigte, daß das Objekt offensichtlich immer noch seinem Kurs folgte.

Um 21.46 Uhr verlor die Gruppe M das Objekt aus den Augen. Um 21.48 Uhr und 21.50 Uhr erhob die Gruppe P noch weitere Beobachtungsdaten. Da jedoch entsprechende Angaben von dem anderen Team fehlten, ließen sich hieraus lediglich Schlüsse auf die Flugrichtung ziehen.

Insgesamt gelang es, mit dieser Technik das Flugobjekt über einen ungleichmäßigen Kurs von über 25 Kilometern exakt und über noch größere Entfernung weniger genau zu verfolgen. Es ergab sich, daß das Objekt anfangs mit einer Geschwindigkeit von

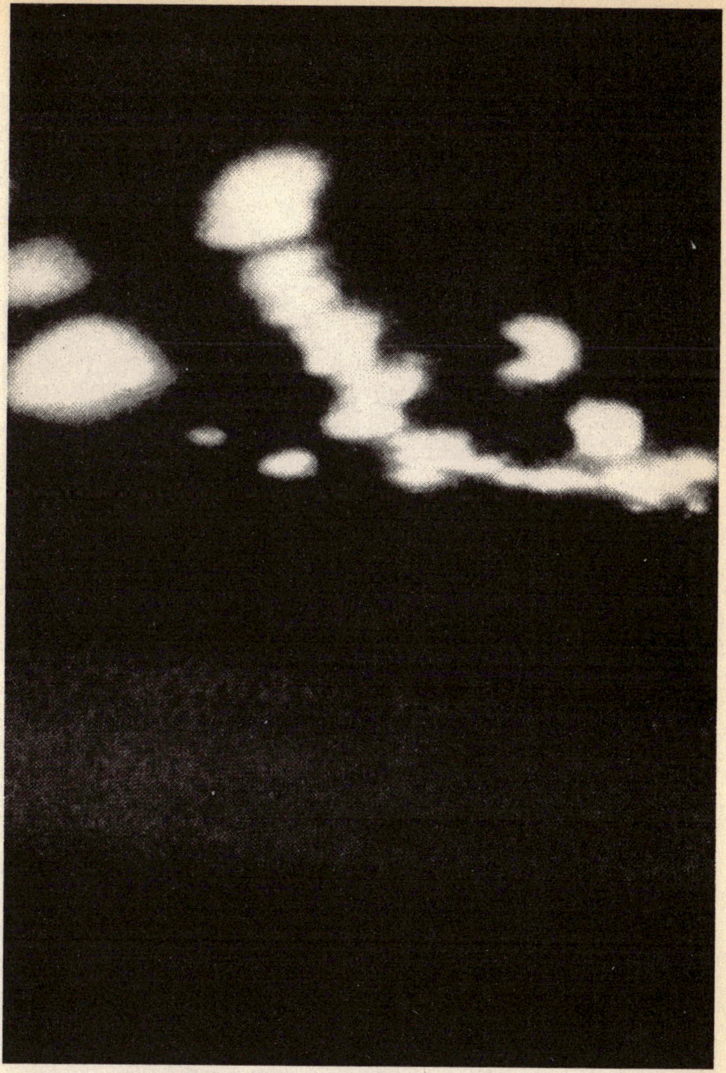

Ein Fall von sogenanntem Himmelsleuchten - Lumineszenzen am Nachthimmel. Ungewöhnlich genug, um für ein UFO gehalten zu werden, beruht das Phänomen in Wirklichkeit auf Atomen, die durch Sonneneinwirkung aufgenommene Energie wieder abstrahlen.

Oben: Eine der seltenen Lentikularwolken, die die charakteristische Form einer Fliegenden Untertasse haben.
Unten: Diese Zeichnung faßt wesentliche Details zusammen, die UFO-Augenzeugen verschiedentlich wahrgenommen haben.

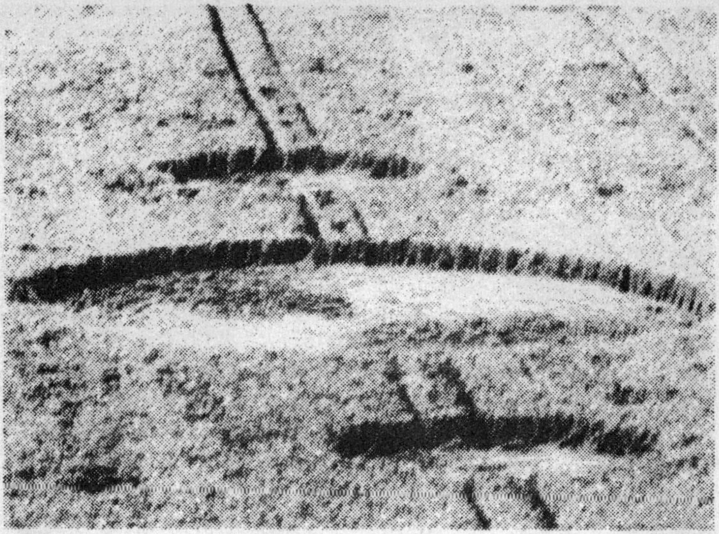

Oben: Solche mysteriösen Kreise in Kornfeldern wurden in England immer wieder entdeckt - UFO-Landeplätze?
Unten: Was wie ein UFO aussieht, war tatsächlich nur ein Wetterballon.

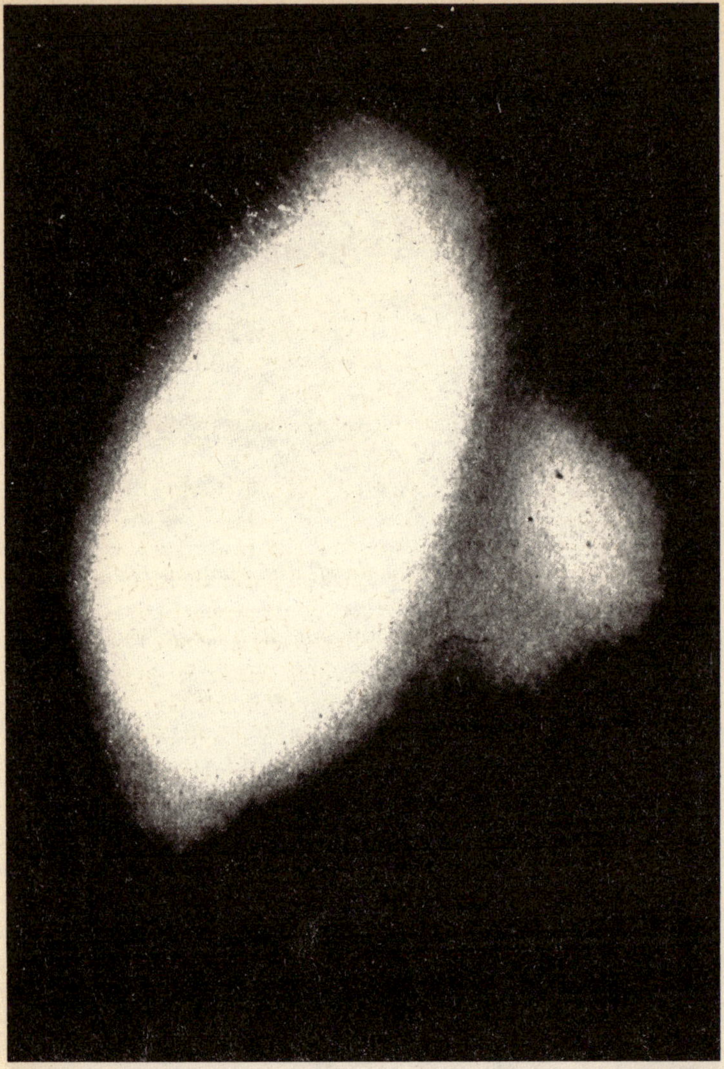

Himmelserscheinungen wie diese über dem Berg Montserrat in Spanien sind immer wieder beobachtet und fotografiert worden. Der Ufologe Luis José Grifol hat allein in dieser Region über 500 Fotos von unerklärbaren Phänomenen aufgenommen.

500 Stundenkilometern flog, um dann nach einem Kurswechsel auf 523 Stundenkilometer zu beschleunigen. Obgleich das zu spärliche Hinweise auf das Wesen des Phänomens sind, lassen sich doch eine ganze Reihe von Erklärungen ausschließen. So entfallen Autoscheinwerfer wegen der Höhe, Vögel können nicht so schnell fliegen, Satelliten nicht so tief, zu einem Meteoriten passen die Kursänderungen nicht.

Rutledges Beobachtungen belegten nicht nur die Existenz solcher Phänomene und entkräfteten die meisten natürlichen Erklärungen, sondern ergaben darüber hinaus, daß die Flugobjekte deutlich auf das Verhalten der Beobachter reagierten. In mindesten 80 Fällen ging aus seinen Aufzeichnungen eine offensichtliche Parallelität bestimmter Aktivitäten der Beobachter und der Objekte hervor. Dieser Zusammenhang folgte jedoch keinem eindeutigen Muster. Die Objekte reagierten mal in der einen, mal in der anderen Weise. Aber dennoch kann man nicht einfach von Zufall sprechen.

Die Vorkommnisse selbst waren alltäglich. Rutledge blinkte am 21. Juni 1973 ein feststehendes Licht am Himmel an, worauf es sich sofort in Bewegung setzte und offenbar der Beobachtung zu entgehen suchte. Am 20. Juni 1976 richtete er den Lichtstrahl auf ein Objekt, bei dem es sich um einen neuen Stern zu handeln schien, und dieses erlosch sofort. In mehreren Fällen wurde beobachtet, wie »Sterne« stehenblieben, sich in Bewegung setzten oder ihre Bahn änderten, sobald sich eine Kamera auf sie richtete oder Autoscheinwerfer auf- und abblendeten. Anscheinend reagierten Flugobjekte selbst über eine Entfernung von drei oder mehr Kilometern auf die Stimmen der Beobachter, auf den Funkkontakt zwischen den Beobachtungsposten, ja selbst auf die Gedanken der Forscher. Daraus folgt, daß diese Flugobjekte entweder ein bestimmtes Maß an Intelligenz besitzen oder von intelligenten Wesen gesteuert werden. Es deutet ferner darauf hin, daß sie über Mittel verfügen, die Aktivitäten der Beobachter überaus sensibel zu registrieren.

Auch wenn aus diesen Befunden keine voreiligen Schlüsse zu ziehen sind, steht doch außer Zweifel, daß Rutledge und sein

Team den Beweis der physikalischen Existenz von UFO-Erscheinungen einen großen Schritt näher gebracht haben.

Auf der anderen Seite ist erstaunlich, wie oft Ufologen es unterlassen, auch nur die nächstliegenden praktischen Ermittlungen anzustellen. So behauptete der Ufologe Peter Paget 1979 in seinem Werk *The Welsh Triangle,* daß sich auf dem Stack Rock in der walisischen Grafschaft Dyfed eine geheime UFO-Basis befände. Obwohl er in der Gegend nachforschte, unterließ er es, sich die Insel selbst anzusehen und der Wahrheit auf den Grund zu gehen. Vielmehr war es der BBC-Fernsehreporter Brynmore Williams, der sich schließlich ein Boot mietete, um auf Stack Rock zu recherchieren, jedoch mit negativem Ergebnis.

Wer solche sensationellen Behauptungen aufstellt, sollte sie auch möglichst belegen können. Nachdem die britische Ufologen-Vereinigung PROBE bereits bei den »UFO-Nestern« dank ihrer wissenschaftlichen Vorgehensweise zu überzeugenden Ergebnissen gekommen war, gelangte sie 1981 zu der Ansicht, daß es sich bei einem in der Gegend von Warminster gesichteten »UFO« wahrscheinlich um einen Ballon gehandelt habe. Sie zweifelten zwar nicht an den Aussagen der Augenzeugin, aber ihre Beschreibung deutete darauf hin, daß hier eine natürliche Erklärung durchaus möglich war.

Die Gruppe beschaffte sich deswegen einen Ballon und ließ ihn an einem Faden am »Tatort« fliegen. Die Zeugin sollte diesem Experiment beiwohnen; es wurden auch Fotos aufgenommen. Die Zeugin bestätigte eine verblüffende Übereinstimmung mit ihrem UFO-Erlebnis. Als der Ballon freigelassen wurde und prompt spurlos verschwand, war nach weiteren Untersuchungen und nachfolgenden Tests klar, daß das »UFO« »in Form und Verhalten einem silberroten Ballon aus Plastik-Aluminium-Folie glich, der zuvor von einem westlich von Warminster gelegenen Punkt aus steigen gelassen wurde«.

Solche Rekonstruktionen zur Aufklärung von Täuschungen sind zwar bestimmt nicht gerade der positivste Aspekt der praktischen Ufologie, aber doch sehr wichtig, um irreführendes Material auszusondern und herauszufiltern, wodurch sich echte UFO-Phänomene auszeichnen.

Das spektakulärste Experiment bisher führte wohl der kalifornische Ufologe Professor Alvin Lawson durch. Er verglich die Aussagen von Personen, die sich nur in ihrer Phantasie die Entführung durch ein UFO vorgestellt hatten, mit Berichten von Menschen, die behaupteten, tatsächlich von Außerirdischen entführt worden zu sein. Dabei ergab sich, daß x-beliebige Laien, die nur wenig über UFOs wissen, unter Hypnose durchaus in der Lage sind, sich eine Entführung so vorzustellen, daß sie bis in die Einzelheiten ganz erstaunliche Ähnlichkeit mit den Geschichten angeblicher Entführungsopfer aufweist.

Allerdings, so Lawson, unterscheiden sich beide Gruppen von Versuchspersonen darin, wie sie ihre Geschichten erzählten. Die »echten« Zeugen schienen sehr viel stärker emotional beteiligt. Natürlich lassen sich auch dafür psychologische Erklärungen finden. Obwohl die Ergebnisse des Experiments weder eindeutig dafür noch dagegen sprechen, daß es sich bei den Aussagen der »Entführungsopfer« um reine Phantasien handelt, hat Lawson hier eindeutig ein wichtiges neues Forschungsgebiet eröffnet. Er selbst knüpfte später noch einmal an seine Ergebnisse an, indem er untersuchte, inwieweit es sich bei den Entführungsberichten möglicherweise um den Ausdruck von Erinnerungen an Geburtstraumata handelt.

Was wird verschleiert?

Schon lange behaupten Ufologen, daß Regierungen verschiedener Länder mehr über UFO-Phänomene wissen, als sie offiziell eingestehen. Ein Grund für diese Annahme ist die Tatsache, daß die Behörden auf Meldungen von UFO-Beobachtungen unweigerlich die gleiche skeptische Reaktion zeigen: Selbst hervorragend dokumentierte Fälle werden sofort lautstark als »Wetterballons« oder »Fehlinterpretationen der Venus unter ungewöhnlichen Beobachtungsbedingungen« abgetan. Weiter gründet sich der Verdacht der Ufologen auf die Tatsache, daß UFOs immer wieder ein besonderes Interesse für militärische Anlagen zeigen. Es ist durchaus möglich, daß es sich zumindestens in einigen Fällen bei den rätselhaften Besuchern aus dem All in Wahrheit um recht irdische Spione gehandelt hat, und es ist sicher nicht auszuschließen, daß solche undurchsichtigen Vorfällen in Wahrheit der Tarnung von Geheimoperationen dienen.

Unterlagen, die die *Ground Saucer Watch* (GSW) unter Berufung auf das Informationsfreigabegesetz von der US-Regierung forderte, bestätigen, daß in der Tat vieles verschleiert wurde, und zwar bereits seit Beginn der modernen UFO-Ära Ende der vierziger Jahre. Aus diesem Material geht hervor, daß die US-Regierung bemüht ist, der Öffentlichkeit eine bestimmte Einstellung gegenüber UFOs zu vermitteln.

Diese skeptische Haltung wird auf vielerlei Wegen erzeugt. Es ist leicht, mehr oder minder plausible Erklärungen für UFO-Beobachtungen anzubieten: helle Sterne, ungewöhnliche atmosphärische Bedingungen, Meteoriten, Flugzeuge und so weiter. Mit solchen Interpretationen wird man meist auf Zustimmung stoßen, weil es sich in 95 % aller Fälle vermeintlicher UFO-Beobachtungen tatsächlich um Fehldeutungen bekannter Flugobjekte handelt. Unbeirrbare Skeptiker meinen, daß sogar alle »UFOs« identifiziert werden könnten, wenn nur genügend präzise Daten vorlägen. Was soll ein Laie dazu noch sagen?

Diese Irreführungskampagne ist auch deshalb so erfolgreich, weil immer wieder prominente Führungspersönlichkeiten aus den Reihen des Militärs oder der Regierung öffentlich gegen die Existenz von UFOs sprechen. Die wenigen Ufologen, die dieses Manöver durchschauen, können leicht als Wichtigtuer oder Betrüger diskriminiert werden. Die offizielle Version lautet, daß es nichts zu erforschen gibt, da die staatlichen Stellen bereits über alles Bescheid wüßten, was sich am Himmel tut.

Vielleicht beruht der Erfolg dieser Verschleierungstaktik aber auch vor allem darauf, daß niemand beweisen kann, daß die Regierung der Öffentlichkeit gegenüber nicht ehrlich ist.

Wenn es tatsächlich stimmt, daß die Behörden mehr wissen – warum haben nicht längst mehr ehemalige Regierungsbeamte den

Mund aufgemacht? Nur wenige Mutige haben den Versuch unternommen, die Tatsachen zu enthüllen.

Im Laufe der Jahre hat die GSW zahlreiche Hinweise auf direkte oder indirekte Verschleierungsversuche gesammelt. Fotografien verschwanden, Spuren am Boden wurden vernichtet, Augenzeugen berichteten, daß Offiziere oder Geheimdienstler bei ihnen erschienen sind und sie zum Schweigen zu bringen versuchten. Und so scheiterte manche Untersuchung daran, daß wichtiges Beweismaterial fehlte und stichhaltige Schlußfolgerungen nicht mehr möglich waren.

Vor allem den hartnäckigen Bemühungen des wissenschaftlichen Leiters der GSW, Todd Zechel (selbst ehemaliges Mitglied des Geheimdienstes), ist es zu danken, daß man beschloß, dieses Problem offensiv anzugehen und sich direkt an die Regierung zu wenden. Zunächst befragte man die US-Luftwaffe. Natürlich kam dabci nicht viel heraus. Typische Antworten waren etwa, daß diese Phänomene keine Hinweise auf eine fortgeschrittene Technologie erkennen ließen, die über unsere derzeitigen Möglichkeiten hinausginge und »... keinerlei unmittelbare Bedrohung für die Vereinigten Staaten darstellen«, sowie daß »nichts darauf hindeutet, daß es sich bei den als ›unbekannt‹ klassifizierten beobachteten Objekten um außerirdische Flugobjekte handelt«. Nächster Gesprächspartner war der CIA, die Organisation, die mit größter Wahrscheinlichkeit an der Unterdrückung von UFO-Material beteiligt ist. Seine Antwort am 26. März 1976:

»... Gegen Ende 1952 betraute der Nationale Sicherheitsrat den CIA mit der Aufgabe, festzustellen, ob die Existenz von UFOs die Sicherheit der Vereinigten Staaten gefährden könnte. Der wissenschaftliche Nachrichtendienst setzte daraufhin einen beratenden Ausschuß ein, der dieser Frage nachgehen sollte. Dieser Ausschuß sprach schließlich die im *Robertson Panel Report* niedergelegten Empfehlungen aus. Zu keiner Zeit, weder vor der Bildung dieses Ausschusses noch nach der Veröffentlichung des Berichts im Januar 1953, war der CIA an der Erforschung von UFO-Phänomenen beteiligt. Der *Robertson Panel Report* stellt die Zusammenfassung der gesamten Beschäftigung des CIA mit dieser Angelegenheit und seiner Beteiligung an ihrer Klärung dar.«

Die Schlußfolgerungen, zu denen dieser Ausschuß – nach intensiver Anhörung führender Luftfahrtexperten und Astronomen sowie mehrerer CIA-Angehöriger – gelangte, waren simpel: Weder in militärischer noch in wissenschaftlicher Hinsicht bestünde irgendein Anlaß zur Beunruhigung, aber man sei zu dem Ergebnis gekommen – und dies ist besonders aufschlußreich –, daß »die ständige lautstarke Verbreitung von Berichten über derartige Phänomene in diesen unsicheren Zeiten allerdings eine Bedrohung für das ordnungsgemäße Funktionieren der den politischen Prozeß sichernden Organe darstelle«. Die Empfehlungen lagen somit ganz auf dieser Linie: Es gelte sogenannte UFOs zu entlarven und die Bevölkerung durch Aufklärung in die Lage zu versetzen, solche Phänomene zu identifizieren.

In Wirklichkeit ließ der CIA keineswegs die Angelegenheit 1953 ein für allemal fallen. Nachforschungen in den Nationalarchiven ergaben, daß viele Berichte aus den Akten verschwunden sind. Als die GSW unter Berufung auf das Informationsfreigabegesetz gezielt weiter nachfragte, wurden einige Unterlagen freigegeben, jedoch in so »gereinigter« Form, daß man Gedankenleser hätte sein müssen, um etwas Konkretes aus ihnen zu entnehmen. Die GSW beschloß daraufhin, den Gerichtsweg zu beschreiten. Nach vierzehn Monaten zäher Bemühungen auf dieser Ebene gab die Regierung am 15. Dezember 1978 fast tausend Seiten Material frei. Dies war ein ganz entscheidender Sieg für die GSW und für die Ufologie überhaupt. Was geht nun aus diesen Dokumenten hervor?

Zum einen belegen sie, daß der CIA auch schon vor der Einsetzung des Robertson-Ausschusses mit UFO-Phänomenen befaßt war, ja sogar selbst den nationalen Sicherheitsrat dazu drängte, die Erforschung dieser Materie zu veranlassen! Zum zweiten geben sie bemerkenswerte Hinweise auf die psychologischen Strategien der staatlichen Behörden. So steht in einem offiziellen Schreiben: »Ein erheblicher Teil unserer Bevölkerung ist psychisch darauf eingestellt, das Unglaubliche für bare Münze zu nehmen. Eben hierin liegt das Potential für die Auslösung von Massenhysterie und Panik.« Zum dritten geht es darin um die Verwundbarkeit der amerikanischen Luftabwehr: »Im Falle eines Angriffs... vermögen wir nicht... reale Objekte von Phantomen zu unterscheiden...« Interessant ist in diesem Zusammenhang der Gebrauch des Wortes »Phantom«, und in einem anderen Schreiben vom November 1952 erklärt der stellvertretende Direktor für den Nachrichtendienst des CIA ganz unverblümt:

»Beobachtungen nicht identifizierter Objekte in großer Höhe und mit großer Fluggeschwindigkeit in unmittelbarer Nachbarschaft wichtiger amerikanischer Verteidigungsanlagen passen von ihrer Natur her nicht auf natürliche Phänomene oder bekannte Typen von Flugkörpern.«

Im Licht dieser Enthüllungen nimmt es nicht wunder, wenn Edward Tauss, ebenfalls ein hoher Beamter des wissenschaftlichen Nachrichtendienstes, im August 1952 empfiehlt, daß der CIA sich »weiterhin« (nicht »von jetzt an«) mit der Materie befassen möge, und hinzusetzt:

»Es ist jedoch dringend darauf zu achten, daß keinerlei Hinweise auf das Engagement des CIA in dieser Angelegenheit an die Presse oder die Öffentlichkeit gelangen, da zu vermuten ist, daß letztere dazu neigen wird, ein solches Interesse unsererseits als ›Bestätigung‹ dafür zu nehmen, daß sich ›unveröffentlichte Fakten in den Händen der US-Regierung befinden‹.«

Es steht also eindeutig fest, daß die Regierung – oder doch zumindest der CIA – von der Echtheit der UFO-Phänomene überzeugt und deshalb durchaus beunruhigt war, gleichzeitig aber entschlossen darauf hinwirkte, alle Erkenntnisse in diesem Zusammenhang geheimzuhalten.

Aufschlußreich ist die Reaktion des CIA auf den vom amerikanischen Marineoffizier Delbert C. Newhouse 1952 gedrehten Film, der dem Robertson-Ausschuß vorgeführt wurde.

Man hatte schon mehrfach versucht, diesen Streifen als Täuschung zu entlarven. Nach Aussage Newhouses zeigt er mehrere, sich mit enormer Geschwindigkeit bewegende ungewöhnliche Flugobjekte aus etwa 16 Kilometern Entfernung. Erhärtet wurden diese Angaben durch von der GSW durchgeführte Computeranalysen der Aufnahmen sowie durch Untersuchungen eines Fotolabors der US-Airforce. Auch zuständige Experten der US-Marine fanden nach insgesamt über eintausendstündiger Analyse des Films keine Erklärung für die abgebildeten Objekte, sondern meinten, es handle sich offenbar um »selbstleuchtende Kugeln« mit einer Geschwindigkeit von bis zu 12096 km/h. Der Robertson-Ausschuß diskutierte zwei Stunden lang, dann wurde ein weiterer Film vorgeführt, auf dem Möwen zu sehen waren, die helles Sonnenlicht reflektierten. Prompt bemerkte der Ausschuß, man neige »stark zu der Ansicht, daß es sich bei den abgebildeten Objekten um Vögel handle«.

Wer veranlaßte die Vorführung des Möwenfilms? Der manipulationserfahrene CIA? In der Folge schaltete sich jedenfalls der CIA in die Untersuchung von UFO-Filmmaterial ein. Der wissenschaftliche Leiter der GSW, Todd Zechel, kommentierte: »... Der CIA hielt keineswegs, wie verbreitet wurde, die Analysen des Newhouse-Films für falsch, sondern war im Gegenteil von diesen Aufnahmen so beeindruckt, daß er sich unverzüglich selbst der Angelegenheit annahm.«

Das Material, in dessen Besitz sich die GSW setzen konnte, stützt in vielfacher Hinsicht den Verdacht, daß der CIA sich auch weiterhin mit UFO-Phänomenen befaßt hat. Bei den Unterlagen befinden sich zahlreiche Berichte über UFO-Beobachtungen, die von US-Botschaften im Ausland pflichtgemäß zu den Akten genommen wurden: darunter allein 15 Fälle in Spanien innerhalb eines Zeitraums von neun Monaten in den Jahren 1973 und 1974, ein Fall aus Portugal, mehrere Protokolle aus Tunesien aus dem Jahr 1976, die sich auf Augenzeugen, Radarmessungen und sogar Polizeiberichte stützen konnten. »Ein überaus besorgter hoher militärischer Sicherheitsbeamter, der General Balma«, wollte wissen, ob die 6. US-Flotte »in irgendeiner Weise dazu beitragen könne, zu klären, um wen oder was es sich dabei handelt«. Nicht genug damit, daß diese – und unzählige weitere – Fälle noch im Jahr 1976 festgehalten wurden, also sieben Jahre, nachdem die US-Regierung angeblich als Reaktion auf den *Condon Report* von der ganzen UFO-Thematik Abstand genommen hatte. Die Botschaften sandten alle diese Beobachtungsberichte an den CIA – und überdies auch noch an andere staatliche Stellen, wie etwa den Sicherheitsrat und das Verteidigungsministerium.

Natürlich liegt es durchaus im Interesse der Regierung, sich den Anschein zu geben, als vermöge sie dieses Objekt am Himmel zu identifizieren: Das ist wichtig für die Sicherheit des westlichen Bündnisses. Das Material beweist jedoch, daß die staatlichen Verschleierungspraktiken sich nicht nur darauf beschränken, Unruhe und Angst unter der Bevölkerung zu verhindern, sondern daß die UFO-Debatte, während sie auf der einen Seite heruntergespielt, auf der anderen Seite angeheizt wird.

Gezielt gestiftete Verwirrung

Um besser verstehen zu können, wie es dem CIA gelingen konnte, die Ergebnisse der UFO-Forschung jahrelang für seine Manipulationszwecke zu mißbrauchen, ist es notwendig, den Zustand der Ufologie zu kennen.

Die auszuwertende Information basiert gewöhnlich auf (meist nicht weiter abgesicherten) Augenzeugenaussagen. Ufologen bezeichnen solche Berichte oft schon als »authentisch«, wenn sie ein paar Recherchen angestellt haben, die in nicht viel mehr als aus Gesprächen mit den Beteiligten bestanden. An der Fähigkeit von Augenzeugen, ungewöhnliche Flugobjekte »zu identifizieren«, muß grundsätzlich gezweifelt werden: Man denke nur an die vielen kuppelförmigen, sich um die eigene Achse drehenden untertassenähnlichen »UFOs«, die nach Aussagen zahlreicher, grundsätzlich zuverlässiger Personen ungewöhnliche Manöver ausführen und durch seltsame Lichterkonstellationen auffallen – und die sich dann schließlich als Reklameflugzeuge entpuppen. Mangel an Zeit, Geld und effektiven Forschungstechniken sind wichtige Ursachen für das hohe Maß an »Pfusch« in der Ufologie.

Wenn sich auch die meisten »UFOs« identifizieren lassen, bleibt doch ein Rest von offenbar echten Fällen, deren wissenschaftliche Erforschung schwierig ist, weil es kaum exakte Daten gibt, die man analysieren könnte. Immerhin scheint festzustehen, daß es sich nicht um Besuche aus dem All handelt. Die Gesetze der Wahrscheinlichkeit sprechen einfach dagegen. Denkbar wäre ihre irdische Herkunft.

Dennoch bewirkten die Tatsachen, daß bei all den offiziellen Untersuchungen durch Kommissionen nichts herauskam und die Regierung auf Nachfragen immer nur abblockte, daß viele zivile Forscher zu der Überzeugung gelangten, es sei eine breit angelegte Kampagne seitens der offiziellen Stellen im Gange, um Material über Besuche aus dem Weltraum zu vertuschen. In den vierziger Jahren häuften sich Gerüchte über abgestürzte Untertassen und tote außerirdische Wesen. In den siebziger Jahren gab es eine Flut von Berichten über direkte Kontakte mit den Außerirdischen und sogar Entführungen. Weiter sickerten Informationen von militärischen und nachrichtendienstlichen Quellen zu den Ufologen durch. Wie läßt sich dieses merkwürdige Verhalten erklären?

Es besteht der Verdacht, daß der CIA die, entgegen seinen eigenen Aussagen, in aller Welt gesammelten Informationen über UFOs nicht nur vertuschte, sondern auch das Gerücht schürte, daß die Regierung mehr wisse, als sie zugeben wolle. Diese Taktik sollte die Aufmerksamkeit der Ufologen von den tatsächlichen Handlungen der Regierung ablenken und Verwirrung stiften.

Im Schutze dieser Vernebelungstaktik kann der CIA seine eigenen zwielichtigen Experimente durchführen, deren wahre Natur auch deshalb nicht so leicht zu durchschauen ist, weil sie für den Beobachter auch nicht mysteriöser erscheinen als die übrigen UFO-Phänomene.

Hinweise darauf, was den CIA an der UFO-Frage wirklich interessierte, finden sich immer wieder in den von der GSW sichergestellten Dokumenten. Zunächst einmal ging es dem Geheimdienst offenbar um die psychologischen Aspekte des Phänomens der fliegenden Untertassen. So steht in einem Memorandum aus dem Jahr 1952:

»Obgleich aus der ganzen Welt Berichte über UFO-Beobachtungen vorliegen, ergab sich doch, daß bis zum Zeitpunkt dieser Untersuchung in der sowjetischen Presse keine Meldung und kein Kommentar über fliegende Untertassen zu finden war. Da es sich um eine staatlich kontrollierte Presse handelt, konnte dies nur Ergebnis einer offiziellen politischen Entscheidung sein. Es erhebt sich also die Frage, ob solche Beobachtungen sich erstens kontrollieren, zweitens voraussagen und drittens zu Zwecken der psychologischen Kriegführung, sei sie defensiver oder offensiver Art, einsetzen lassen ... Ein erheblicher Anteil unserer Bevölkerung ist psychisch darauf eingestellt, das Unglaubliche für bare Münze zu nehmen.«

Aus dem Material der GSW geht hervor, daß der CIA zur Zeit des *Robertson Panel Reports* selbst davon überzeugt war, daß es sich bei den UFOs um außerirdische Flugobjekte handelte. Während man auf Beweise dafür wartete, wurde eine Enthüllungskampagne eingeleitet, um jede mögliche Massenhysterie zu zerstreuen. Man erwartete, daß auf diese Weise die UFOs, wie jede andere Modeerscheinung, schnell aus dem öffentlichen Bewußtsein verschwinden würden.

An irgendeinem Punkt merkte der Geheimdienst dann jedoch, daß er sich das UFO-Phänomen selber für Experimente zur psychologischen Kriegsführung zunutze machen konnte. Wenn diese Erscheinung schon kein Mittel der Sowjets zur Manipulation der amerikanischen Bevölkerung war, so gab es doch keinen Grund, sich nicht selbst ihrer zu bedienen. Die Strategie hatte viele Vorteile: Das Militär konnte in aller Ruhe seine geheimen Luftoperationen weiterführen, da jeder eventuelle Zeuge im Netz der Vertuschungspraktiken des CIA und seiner öffentlichen Enttarnungsmanöver hängenbleiben würde. Darüber hinaus würde der CIA feststellen können, wieweit eine Manipulation der öffentlichen Meinung möglich war, wie einzelne Menschen auf seltsame Vorkommnisse reagieren würden, auf welchem Wege sich solche Informationen verbreiteten und welche Reaktionen sie auslösten.

Diese Strategie war leicht zu verfolgen, indem man den Ufologen falsche Informationen zuspielte und gleichzeitig von der Presse zweifelhaftes UFO-Material hochspielen ließ. Sie erforderte nicht einmal den Einsatz großer Mittel, da man ja nur einige wenige, die nichtidentifizierten Objekte, einbeziehen mußte.

Für die Verbreitung würden die begeisterten Ufologen sorgen, und manch einer würde prompt mit falschen UFO-Beobachtungen reagieren. Ähnliche Manipulationen konnte man auch dazu benutzen, mögliche Zwischenfälle beim Einsatz militärischer Flugkörper oder deren illegale Erprobung zu vertuschen, generell jedoch die öffentliche Aufmerksamkeit von politischen Fehlschlägen abzulenken.

Die Unterlagen der GSW beweisen, daß viele maßgebliche Mitglieder der offiziellen Untersuchungskomitees für UFO-Phänomene ehemalige CIA-Leute waren. Außerdem gibt es Hinweise darauf, daß Generso Pope, der Herausgeber des *National Enquirer,* ebenfalls ein Ex-CIA-Mitarbeiter ist und immer noch mit der Propagandaabteilung des Geheimdienstes in Verbindung steht. Eben der *National Enquirer* war es jedoch, der die größten Beträge für die sensationellsten UFO-Storys auf den Tisch legte und so entscheidend an der öffentlichen Meinungsbildung zu diesem Thema mitgewirkt hat.

Aufschlußreich ist es auch, daß gewisse UFO-Storys immer wieder neu aufleben: So finden sich die Geschichten über abgestürzte »fliegende Untertassen«, die in den vierziger Jahren populär waren, in den achtziger Jahren wieder, während die Vorliebe der fünfziger Jahre für direkte Kontaktaufnahme der Außerirdischen mit Erdbewohnern in den siebziger Jahren eine Renaissance erfährt. Um welche Form von Manipulation könnte es sich im Zusammenhang mit solchen direkten Begegnungen handeln? Wie oft schon haben überraschte Forscher in aller Ernsthaftigkeit gesagt, daß die Erlebnisse der Augenzeugen trotz des völligen Fehlens von stützenden Beweisen »in deren Köpfen eindeutig Realität sind«.

Hat die amerikanische Regierung die Hände im Spiel?

»Ich schlage vor, daß wir bei einer der nächsten Ausschußsitzungen über eventuelle Möglichkeiten diskutieren, diese Phänomene offensiv oder defensiv zu Zwecken der psychologischen Kriegführung einzusetzen.«

Dieser Satz stammt aus einem geheimen Memorandum zum Thema »fliegende Untertassen«, das Walter B. Smith, der Leiter des CIA, zu Beginn der fünfziger Jahre an den Leiter der Behörde für psychologische Kriegführung adressierte. Und es spricht vieles dafür, daß der CIA – oder vielleicht auch eine andere Geheimorganisation – später diesen Vorschlag verwirklichte.

So gewagt diese Behauptung klingen mag, gibt es doch mehrere gute Gründe, weshalb die US-Regierung ein Interesse daran haben könnte, den Glauben an UFOs zu bestärken und für bestimmte Zwecke einzusetzen.

Zunächst einmal investieren die Vereinigten Staaten ungeheure Mittel für die Rüstungstechnologie, insbesondere auf dem Sektor der militärischen Flugkörper. Nun stehen dem Militär zwar Tausende von Quadratmetern menschenleerer Wüste und Einöde zur Verfügung, um solche Neuentwicklungen zu testen, aber dennoch ist es gelegentlich notwendig, Erprobungen über größere Räume auszudehnen. Hierbei ist es von großem Nutzen, wenn die Bevölkerung bereit ist, »an UFOs zu glauben«.

Als Beispiel kann das Stealth-Flugzeug angeführt werden – ein seit 1966 in der Entwicklung befindlicher Flugzeugtyp, der die Fähigkeit besitzt, sich der Radarortung zu entziehen. Zwar wurde das Projekt 1977 zur Geheimsache erklärt, aber von Boeing freigegebene Bilder zeigen einen kleinen, bizarr geformten Bomber, der wohl am ehesten einem Papierflieger ähnelt und dank dieser ungewöhnlichen Form sicher auch bei Tageslicht leicht für ein UFO gehalten werden kann.

Im Jahr 1975 ortete eine mobile Radareinheit der US-Luftwaffe in Kalifornien ein Objekt, das mit etwa 740 km/h aus Richtung des Luftwaffenstützpunktes Edwards geflogen kam. Nach einem Wendemanöver war es plötzlich vom Radarschirm verschwunden.

Man glaubte zunächst, daß es blitzartig auf mehr als 3200 km/h beschleunigt hätte – ein typisches Verhalten für ein UFO! Tatsächlich handelte es sich jedoch um ein auf dem Testflug befindliches Stealth-Flugzeug, das unmittelbar, nachdem es auf dem Radarschirm erschienen war, auf »Unsichtbarkeit« geschaltet hatte. Offiziell wurde es als »Unbekanntes Flugobjekt« registriert, weil die Erprobung nicht publik werden sollte.

Eine weitere Methode des Geheimdienstes, Nachrichten zu manipulieren, ist das Einschleusen von getarnten Agenten in Ufologenvereinigungen. So wurde das Gerücht am Leben gehalten, daß es sich bei einigen im Juli 1947 in Neu-Mexiko gefundenen geheimnisvollen Wrackteilen um die Überreste einer außerirdischen fliegenden Untertasse handle – und das nur Tage nachdem vom nahegelegenen Testgelände White Sands die ersten Kunststoffforschungsballons gestartet worden waren.

Eine noch viel unheimlichere Angelegenheit sind jene scheinbar unerklärlichen Fälle, in denen verstümmelte Tiere aufgefunden und mit angeblich gesichteten UFOs in Zusammenhang gebracht wurden. Wenn man einmal von der Möglichkeit ausgeht, daß die US-Regierung sich tatsächlich »UFOs« für ihre Zwecke nutzbar macht, liegt der Verdacht nahe, daß die sorgfältigen »Operationen« an diesen Tieren damit zu tun haben, daß man zuvor an ihnen biochemische Waffen erprobt hatte. Dieser Theorie zufolge hätte also die Regierung ganz bewußt den Glauben an die unerklärliche oder paranormale Natur dieser Verstümmelungen suggeriert.

Ganz gezielte psychologische Experimente stecken möglicherweise hinter jenen seltsamen Geschichten von den »Männern in Schwarz«. Es spricht vieles dafür, daß der CIA tatsächlich eine Reihe von UFO-Phänomenen getürkt hat, und zwar insbesondere Fälle direkter Kontaktaufnahme oder gar Entführung. Wenn das stimmt, wären die immer wieder geäußerten Behauptungen der Opfer solcher Übergriffe, daß niemand außer ihnen selbst von diesen Begegnungen gewußt habe, irrig. Vielmehr hätte es sich um ausgekochte Inszenierungen gehandelt.

Gewiß wäre es durchaus im Interesse der psychologischen

Kriegführung, in Erfahrung zu bringen, wie Menschen auf leere Drohungen reagieren: Schließlich scheinen die berühmten Herren in Schwarz ihre Ankündigungen, sie wollten ihre unfreiwilligen Gastgeber verstümmeln oder zum Schweigen bringen, nie wahr zu machen.

Außerdem ließe sich diese Taktik auch dafür verwenden, herauszufinden, wie Menschen auf derartige Gefahren reagieren. Die Geheimdienste verfügen mittlerweile über so raffinierte Abhörtechniken, daß sie eine solche Begegnung durchaus aus der Ferne aufzeichnen könnten. Was von diesen Experimenten schließlich an die Öffentlichkeit dringt, vermehrt nur die Flut widersprüchlicher und absurder Phänomene, mit denen es die Ufologie hauptsächlich zu tun hat.

Die Absurdität ist gewollt. Ein Phänomen, das unleugbar existiert, aber keinerlei innere Logik aufweist, hält die Forscher in Atem, weil sie sich verzweifelt bemühen, eine Logik hineinzubringen, zu einer Theorie zu finden, die alle Puzzleteilchen in einen sinnvollen Zusammenhang stellt. Das heißt, daß viele ihre Energien in die Ufologie investieren, obwohl es von vornherein ausgeschlossen ist, daß sie je zu schlüssigen Erklärungen gelangen werden. Dieser Vorgang aber dient den Zwecken der Regierung – jeder Regierung. Die Tatsache, daß die Hypothese vom außerirdischen Ursprung der UFOs, obwohl sie nur schwer haltbar ist, immer wieder in den Vordergrund gespielt wurde, war unzweifelhaft ursächlich an der Entstehung verschiedener Pseudoreligionen beteiligt. Die Anhänger dieser UFO-Kulte werden die Regierung bestimmt nicht für Versäumnisse im Bereich der Wirtschaft oder der Außenpolitik kritisieren, da die galaktische Bruderschaft schon alles zum Besten wenden wird.

Mit Sicherheit gilt dieser Zusammenhang für ein berühmt gewordenes UFO-Phänomen im Jahr 1957. Die Vereinigten Staaten erlitten damals gerade mehrmals hintereinander schwere Demütigungen, da immer neue Versuche, den ersten amerikanischen Weltraumflugkörper, die Vanguard-Rakete, ins All zu schießen, fehlschlugen. Im November 1957 gelang es der UdSSR, nur dreißig Tage nach dem epochalen *Sputnik*-Erfolg, auch noch einen zweiten Satelliten auf die Erdumlaufbahn zu befördern. Innerhalb von Stunden tauchten über Texas und Neumexiko UFOs auf, die prompt die sowjetische Raumfahrtsensation aus den Schlagzeilen der Zeitungen vertrieben.

Aber auch sogenannte Entführungsfälle können durchaus anderen Zwecken dienen. Es ist nicht weiter schwer, eine Begegnung mit Außerirdischen oder gar eine Entführung so zu inszenieren, daß sie »im Kopf des Augenzeugen Realität ist«, sofern man Drogen oder Hypnose oder beides einsetzt. Die nötigen Spezialeffekte werden wohl weder die Mittel noch den Erfindungsgeist der Initiatoren überstrapazieren. Solche »Spielchen« würden es den Verantwortlichen ermöglichen, gleichzeitig den UFO-Mythos weiter wachzuhalten, psychologische Methoden und halluzinogene Mittel zu erproben, festzustellen, ob sich die jeweiligen Opfer auf diese Weise gefügig machen lassen, wie die Medien mit solchen Informationen umgehen und wie die Ufologen und schließlich die Öffentlichkeit darauf reagieren. Überdies würden diese Horrormärchen dazu beitragen, ernsthafte Wissenschaftler von der UFO-Thematik fernzuhalten.

Natürlich werden viele Ufologen diese Verschwörungstheorie empört ablehnen. Doch es gibt noch ein weiteres Faktum, das sie stützt: Die Klärung der Frage, was es mit den echten UFOs auf sich hat, ist noch immer keinen Schritt weitergekommen. Erst mit ihrer Beantwortung erhielte jedoch die Beschäftigung mit Entführungs- und Kontaktaufnahmefällen (die derzeit die Energien der Forscher so weitgehend absorbiert) einen Sinn.

Was der Öffentlichkeit derzeit an Kenntnissen zugänglich ist, resümiert William H. Spaulding, der Begründer der Hypothese von der staatlichen Manipulation, als Erklärung für die Ungreifbarkeit des UFO-Phänomens wie folgt:

»... die letzten dreißig Jahre wurden darauf verschwendet, etwas zu erforschen, was es überhaupt nicht gab ... Die Tatsache, daß sich der Glaube an die fliegenden Untertassen trotz der Unlogik der Phänomene und des Mangels an Beweisen so lange gehalten hat, zeugt nur von der Leichtgläubigkeit der Menschen. Die Unverfrorenheit und die Erfindungskünste des CIA und anderer mit diesem Thema befaßter Forscher haben drei Generationen von UFO-Enthusiasten hervorgebracht und die Phantasie der Öffentlichkeit beschäftigt... Was den Mythos von den fliegenden Untertassen so interessant und bedeutsam macht, ist die Tatsache, daß es sich dabei um eine genuine, psychosoziale Bewegung handelt, die in unseren Zeiten ins Leben gerufen wurde und sich noch immer ausbreitet.«

Abgestürzte UFOs – Erfindung oder Wirklichkeit?

Unmittelbar nachdem im Jahr 1947 die ersten »fliegenden Untertassen« gesichtet wurden, begann das Gerücht umzugehen, daß eins der Flugobjekte abgestürzt und in die Hände amerikanischer Wissenschaftler geraten sei. Der Gedanke ist logisch: In Anbetracht der großen Zahl der angeblich gesichteten UFOs war es statistisch ganz plausibel, daß früher oder später eines davon verunglücken oder abgeschossen werden würde.

Diese Argumentation basiert jedoch auf der Annahme, daß es sich bei UFOs um aus greifbarer Materie bestehende Flugobjekte handelt, die durch Fremdeinwirkung oder technisches Versagen Schaden erleiden können. Damals hatte man so gut wie keinen Zweifel daran, daß UFOs solche Flugkörper waren: Ungewiß blieb nur ihre Herkunft.

In Frage gestellt wurde die Mär von den abgestürzten fliegenden Untertassen paradoxerweise ausgerechnet durch eine Veröffentlichung, die sie eigentlich beweisen sollte. 1950 erschien von dem amerikanischen Schriftsteller Frank Scully das Buch *Behind the flying Saucers*. Es wurde in den USA ebenso wie in Europa ein Bestseller. Aufschlußreich ist, daß der Autor nicht nur Starkolumnist des Showbusinessmagazins *Variety's* war, sondern gleichzeitig auch der Verfasser der Werke *Fun in Bed* (wohlgemerkt kein Sexhandbuch, sondern ein unterhaltendes kleines Brevier für begeisterte Bettfans), *More fun in bed* und *Junior fun in bed*.

Scully behauptete, er habe während seiner schriftstellerischen

Tätigkeit einen in der Ölförderung beschäftigten Mann namens Silas Newton in Texas kennengelernt, der ihm wiederum von einem Kollegen, Dr. Gee, erzählt habe. Dieser sollte aus eigener Erfahrung wissen, daß sich im Gewahrsam des amerikanischen Militärs drei UFOs befänden sowie 16 tote Außerirdische, die etwa einen Meter groß wären. Belegmaterial gab es allerdings nicht. Die Geschichte beruhte allein auf den Aussagen jenes »Dr. Gee«, der behauptete, von den Behörden als Experte zur Untersuchung der Flugkörper herangezogen worden zu sein.

Das Fehlen von Beweisen hinderte nicht, daß über 60000 Exemplare von Scullys Buch verkauft wurden, hatte jedoch zur Folge, daß es dem Journalisten J. P. Kahn zwei Jahre später leichtfiel, in einem Artikel die Öffentlichkeit davon zu überzeugen, daß es sich bei der Story um ein reines Phantasieprodukt handle. Die Leser übersahen dabei, daß Kahns Darstellung von Übertreibungen und Ungenauigkeiten strotzte: Newton und »Dr. Gee« waren aber zu Betrügern gestempelt.

Wenn der Mythos von den abgestürzten UFOs später viele Anhänger verlor, so lag das nicht allein an der Fragwürdigkeit von Scullys Geschichte. Die öffentliche Meinung wandte sich davon unabhängig der Vorstellung zu, daß UFOs nicht von Menschenhand stammten, sondern Produkte außerirdischer Technologien seien. So war es plausibel, daß sie auch nicht wie irdische Fluggeräte mit dem Risiko technischen Versagens behaftet waren.

Erst 25 Jahre später lebte der Mythos wieder auf. Im April 1976 erschien im *Official UFO* (damals eine recht ernst genommene Zeitschrift) unter der Überschrift »Was hat es mit den abgestürzten UFOs auf sich?« ein Artikel des renommierten Ufologen Raymond Fowler. Der Autor lieferte darin spektakuläres neues Beweismaterial: die durch Eid bekräftigte Aussage eines Technikers, er selbst habe am 21. Mai 1953 in Kingman im amerikanischen Bundesstaat Arizona das Wrack eines abgestürzten UFOs untersucht.

Das allgemeine Interesse für die geheimnisvollen Erscheinungen erwachte wieder. Während sich Leonard Stringfield, ebenfalls ein bekannter Experte, durch breit angelegte Nachforschungen um neue Beweise bemühte, konzentrierten sich William Moore, Stanton Friedman und Charles Berlitz auf einen Fall, der weltweite Berühmtheit erlangen sollte: das sogenannte Roswell-Wrack.

Hier ein kurzer Abriß der Geschehnisse: Am späten Abend des 2. Juli 1947 sah ein vor seinem Haus sitzendes Ehepaar in Roswell/Neumexiko ein glühendes Objekt am Himmel dahinschießen. Am nächsten Morgen fand ein Viehzüchter etwa 120 Kilometer entfernt in der Flugrichtung des Phänomens seltsame Wrackteile auf seinem Weideland, und 250 Kilometer weiter stießen ein Ingenieur und mehrere Archäologen auf die Überreste eines unidentifizierten Fluggerätes und mehrere sonderbare Leichen. Offizielle Stellen erklärten, daß es sich um einen Wetterballon handle. Man hörte nichts mehr von der Angelegenheit – bis Moore, Friedman und Berlitz sich ihrer annahmen.

Es gibt eine Fülle ähnlicher Fälle. So deuteten am 7. Juli 1948 in der Nähe von Del Rio/Texas ungewöhnliche Radarbeobachtungen darauf hin, daß ein unidentifiziertes Objekt etwa 50 Kilometer jenseits der mexikanischen Grenze abgestürzt sein müsse. Mit Erlaubnis der mexikanischen Regierung begannen US-Truppen mit der Nachforschung. Sie fanden eine metallische Scheibe und die verkohlten Leichen der Besatzung: mehr oder weniger menschenähnliche Wesen von etwa ein Meter fünfzig Größe. Der amerikanische Luftwaffenoberst Whitcomb, der das Objekt ebenfalls auf seinem Radargerät gesichtet hatte und sich unverzüglich mit einem Flugzeug zur Absturzstelle begab, stellte fest, daß inzwischen mexikanische Truppen die Szene beherrschten und das Objekt abschirmten.

Die an diesem Einsatz beteiligten Soldaten waren offensichtlich gewarnt worden, daß es »ihnen leid tun würde«, wenn sie zu irgend jemandem darüber sprächen. Mehrere Jahre später tauchten angebliche Fotos der toten Besatzungsmitglieder des UFOs auf. Sie sind noch immer Gegenstand hitziger Auseinandersetzungen.

Zu einem nicht näher bekannten Zeitpunkt im Jahr 1952 verfolgte ein Radarbeobachter des Luftwaffenstützpunkts Muroc in Kalifornien auf seinem Schirm ein Flugobjekt, das sich mit großer Geschwindigkeit dem Erdboden näherte. Als feststand, daß sich tatsächlich ein Absturz ereignet hatte, wurde er instruiert: »Sie haben nichts gesehen!« Später erfuhr er, daß ein UFO von etwa 16 Metern Durchmesser in einer nahen Wüstenregion gefunden worden war. Es war metallen und weitgehend verglüht. An Bord befanden sich die Leichen etwa ein Meter fünfzig großer Wesen. Das Wrack wurde eine Zeitlang auf dem Stützpunkt behalten und dann angeblich zu einer anderen Luftwaffenbasis in Dayton im Bundesstaat Ohio gebracht. Es gibt stichhaltige Indizien dafür, daß zum fraglichen Zeitpunkt tatsächlich ein größeres Objekt unter Geheimhaltung zu diesem Stützpunkt transportiert worden war.

Mit dem gleichen Vorfall steht vermutlich auch ein Film in Zusammenhang, der im darauf folgenden Frühjahr offenbar auf Veranlassung hoher militärischer Stellen einer ausgewählten Expertengruppe vorgeführt wurde, darunter auch einem Mr. T. E., der als Radarspezialist für die Armee und die Luftwaffe tätig war. Der Fünfminutenstreifen zeigte ein silbernes, scheibenförmiges Objekt, in Wüstensand eingebettet. Auf der Oberseite waren eine Kuppel und eine offene Luke zu sehen. In der Nähe des Objekts standen etwa zehn bis fünfzehn Militärangehörige. Mit ihrer Körpergröße verglichen, mußte die Scheibe etwa fünf bis sieben Meter im Durchmesser groß sein. Die Aufnahmen zeigten ferner die Leichen dreier Besatzungsmitglieder: Sie waren klein und menschenähnlich mit übergroßen Köpfen. Die Zuschauer wurden aufgefordert, über den Film nachzudenken, aber niemandem davon zu erzählen. Zwei Wochen später erklärte man ihnen, es habe sich um eine Fälschung gehandelt. Diese Erklärung ist seltsam, da viele Indizien dafür sprechen, daß der Film Offizieren verschiedener Luftwaffenstützpunkte vorgeführt wurde. Außerdem hätte es eines gewaltigen Aufwands an Zeit und Mühe bedurft, um diese Aufnahmen so täuschend echt zu inszenieren.

Das überzeugendste Indiz für diesen Vorgang ist eine mit dem Pseudonym Fritz Werner unterzeichnete beeidete Aussage aus dem Jahr 1973. Die Identität des Zeugen ist bekannt. Werner versichert, daß er an der Untersuchung eines abgestürzten unbekannten Flugobjekts beteiligt war. Als Ingenieur im Dienst der

Luftwaffe in der Nähe von Kingman/Arizona tätig, wurde er 1953 gemeinsam mit fünfzehn anderen Mitarbeitern eines Morgens in aller Frühe unter strengen Geheimhaltungsvorkehrungen in einem Bus mit verdunkelten Fenstern fünf Stunden über Land transportiert. Man erklärte ihm und seinen Kollegen, daß ein streng geheimes Fluggerät der Luftwaffe abgestürzt sei und jeder von ihnen diesen Unfall im Rahmen seines jeweiligen Spezialgebietes untersuchen solle.

Werners Beschreibung nach ähnelte das Objekt zwei aufeinandergestülpten tiefen Untertassen von etwa zehn Metern Durchmesser. Es habe aus einem stumpfen silbrigen Metall bestanden und sei durch eine Luke zugänglich gewesen. Seine besondere Aufgabe habe darin gelegen, die Aufschlaggeschwindigkeit des Objekts anhand der Spuren zu rekonstruieren. Er fand weder irgendeine Landevorrichtung noch Dellen oder Kratzer. In einem Zelt in der Nähe sah er auf einem Tisch ein etwa ein Meter dreißig langes menschenähnliches Wesen liegen. Man verbot den Experten nicht nur, zu irgend jemandem über den Vorfall zu sprechen, sondern auch, ihn unter sich zu diskutieren.

Ein Meteorologe namens Daly, damals ebenfalls im Dienste der Luftwaffe, gibt an, 1953 zu einem ihm unbekannten, aber heißen und sandigen Ort gebracht worden zu sein, um dort die Bauweise eines silbrigen, metallenen Flugkörpers zu untersuchen. Von Besatzungsmitgliedern habe er nichts gesehen, aber er sei zu dem Schluß gelangt, daß das Objekt nicht irdischen Ursprungs sei.

Bedeutsam ist auch die Aussage der Frau eines Wachsoldaten auf dem Wright-Patterson-Luftwaffenstützpunkt, der auch im Zusammenhang mit den bisher genannten Vorfällen eine Rolle gespielt hatte. Die Frau behauptete, daß etwa zur gleichen Zeit ihr Mann gesehen habe, wie Wissenschaftler die Leichen etwa einen Meter großer menschenähnlicher Wesen mit riesigen Köpfen untersucht hätten.

Eine ebenfalls auf der Wright-Patterson-Basis beschäftigte Frau, deren Aufgabe es war, sämtliches im Zusammenhang mit UFOs stehende Material, das dem Stützpunkt vorlag, zu katalogisieren, sagte aus, sie habe gesehen, wie die Leichen zweier menschenähnlicher Wesen von etwa ein Meter fünfzig Größe mit überproportionierten Köpfen transportiert worden seien.

Im März 1964 wurde der Absturz eines runden flachen UFOs am Mount Chitpec in Mexiko gemeldet. Behördenvertreter wollten es in die nächstliegende Stadt, San Cristobal de la Casas, bringen – aber der Häuptling des dort ansässigen Stammes der Chalulas behauptete, es handle sich um eine Gabe Gottes und der Heiligen Jungfrau, und gab es nicht heraus.

In Tarija, der entlegensten und unzugänglichsten Region Boliviens, wurde am 6. Mai 1978 von verschiedenen Beobachtern ein glühendes Objekt am Nachmittagshimmel gesichtet. Nach der allgemeinen Beschreibung handelte es sich um einen sieben bis acht Meter langen, metallischen Zylinder, der zwar weder Fenster noch sonstige äußere Strukturen aufwies, aber eindeutig wie ein Flugkörper aussah. Dicht hinter ihm folgte noch ein kleineres Flugobjekt. Nur wenige Sekunden nach seinem Erscheinen war der Donner einer gewaltigen Explosion zu hören, begleitet von einem »Erdbeben«, das über ein Gebiet von 200 000 Quadratkilometern von Seismographen registriert wurde. Nach dem Absturz wurde beobachtet, wie das kleinere Flugobjekt davonflog.

Das UFO flog viel zu langsam, als daß es ein Meteor hätte sein können. Den Untersuchungen zufolge war es ausgeschlossen, daß ein Satellit zur Erde zurückgekehrt war. Während sich die Presse noch in den wildesten Spekulationen erging, wurde von amtlicher Seite eine Nachrichtensperre verhängt. Reporter sahen, wie das Objekt abtransportiert wurde, und behaupteten, die US-Luftwaffe habe es in die Vereinigten Staaten gebracht. Die NASA leugnete, in diesen Vorfall verwickelt zu sein.

Die hier gegebene Darstellung ist eine Rekonstruktion einer Vielzahl widersprüchlicher Angaben und gilt als die schlüssigste Version, die zur Zeit vorliegt. Allerdings berücksichtigt sie nur die Hälfte der bekannt gewordenen Fälle. Das Material ist zwar nicht sehr überzeugend, läßt sich aber dennoch nicht einfach ignorieren, weil dies bedeuten würde, eine große Zahl voneinander unabhängiger Zeugen als Lügner abzustempeln.

Daß fliegende Untertassen nach einem Absturz von staatlichen Stellen konfisziert wurden, läßt sich nur schwer beweisen oder widerlegen. Anhänger dieser Überzeugung verweisen auf eine breite Palette von Fakten, Gerüchten, Indizien und unbelegter Zeugenaussagen. Sie beharren darauf, daß alle diese Materialien zusammengenommen ausreichen, um ernsthafte Nachforschungen zu rechtfertigen. Die Skeptiker wiederum entgegnen, daß keins dieser Indizien für sich genommen stichhaltig sei und überhaupt kein konkretes Material existiere. Eine anfängliche bewußte Fälschung oder Fehldeutung sei von Schwätzern und Betrügern, sensationslüsternen Journalisten und krankhaften Paranoikern aufgegriffen und zum Mythos aufgebauscht worden.

Um diese Vorwürfe ins rechte Licht zu rücken, empfiehlt es sich, zunächst einmal festzustellen, wann diese Geschichte zum ersten Mal verbreitet wurde.

Die ersten Gerüchte beziehen sich offenbar auf Geschehnisse, die sich vom 2. Juli 1947 an in der Nähe der Stadt Roswell in Neumexiko ereigneten. Am Abend dieses Tages gegen 22 Uhr saß das in Roswell lebende Ehepaar Wilmot auf seiner Veranda, als plötzlich »ein großes glühendes Objekt« aus südöstlicher Richtung vom Himmel herabgeschossen kam und sich in nordöstlicher Richtung der kleinen Stadt Corona näherte. Es flog sehr schnell und war nur etwa 40 bis 50 Sekunden lang sichtbar. Dennoch waren die Wilmots in der Lage, es genauer zu beschreiben. Es sei oval gewesen und habe ausgesehen wie »zwei aufeinander gestülpte Untertassen«. Mr. Wilmot hatte es als lautlos in Erinnerung, seine Frau hingegen meinte, ein leises zischendes Geräusch vernommen zu haben.

Am nächsten Morgen ging der Ingenieur Barney Barnett in der Ebene von San Augustin, etwa 400 Kilometer westlich von Roswell und unmittelbar im Westen von Socorro, seiner Arbeit nach. In der ansonsten menschenleeren Wüste sah er einen hell schimmernden Gegenstand in der Sonne blitzen. In der Befürchtung, es könne sich um ein abgestürztes Flugzeug handeln, lief er hin und fand »ein metallisches, scheibenförmiges Ding«, das einen Durchmesser von acht bis zehn Metern hatte.

Noch während er es näher untersuchte, stießen Archäologiestudenten der Universität von Pennsylvania zu ihm. Der Gruppe bot sich ein seltsamer Anblick: Neben dem Objekt, das offenbar durch eine Explosion und den Aufprall auseinandergeborsten war, lagen herausgeschleuderte Leichen. Auch im Innern des Flugapparats befanden sich tote Wesen; menschenähnliche Körper mit sehr kleinen Augen, ohne Haare und mit übergroßen Köpfen. Sie trugen graue, gürtellose einteilige Anzüge ohne Reißverschlüsse.

Nach kurzer Zeit erschien ein Armeeoffizier in einem Jeep und erklärte, daß das Militär sich der Angelegenheit annehmen würde. Das Gebiet wurde abgeriegelt; man befahl den Zivilisten, sich zu entfernen, und schärfte ihnen ein, daß es ihre patriotische Pflicht sei, für sich zu behalten, was sie gesehen hätten. Später hörte Barnett, daß die Soldaten den mysteriösen Fund auf einen großen Lastwagen verladen und abtransportiert hätten.

Dennoch berichtete Barnett, der mittlerweile verstorben ist, Freunden von diesem Erlebnis. Ufologen, die diesen Vorfall später untersuchten, sahen keinen Grund, den Aussagen dieser Freunde nicht zu glauben. Auch Recherchen über Barnetts Person ergaben keine Zweifel an seiner Glaubwürdigkeit. Leider gelang es bis heute nicht, die Archäologiestudenten ausfindig zu machen, die seine Geschichte hätten bestätigen können.

Noch am selben Tag oder kurz darauf machte der Viehzüchter »Mac« Brazel auf seiner etwa 120 Kilometer nordwestlich von Roswell und 240 Kilometer östlich des Schauplatzes der von Barnett berichteten Ereignisse gelegenen Ranch bei Corona einen seltsamen Fund. Der folgende Bericht stammt nicht von ihm selbst – er starb 1963 –, sondern basiert auf einem Interview mit seinem damals ebenfalls anwesenden Sohn Bill.

In der Nacht vorher hatte es ein schweres Gewitter gegeben. Dabei hatte Brazel einen lauten Knall gehört, der eindeutig kein Donnerschlag war. Als er am nächsten Morgen ausritt, um nach seinen Schafen zu sehen, fand er eine Reihe unidentifizierbarer Wrackteile über einen schmalen Streifen Land verstreut, der etwa

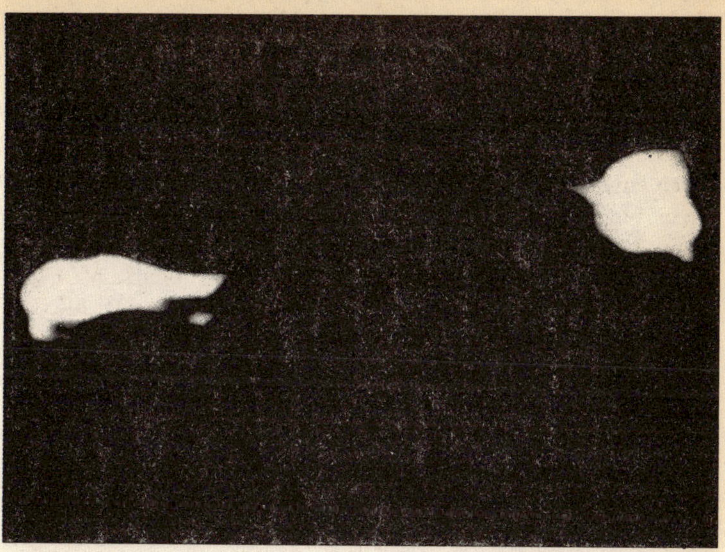

Oben: Eine unerklärliche, sich bewegende Licht-Erscheinung über Ibiza im Mai 1974.
Unten: Nachzeichnung eines Raumschiffes, das von Joe Simontoa im Jahre 1961 gesichtet wurde.

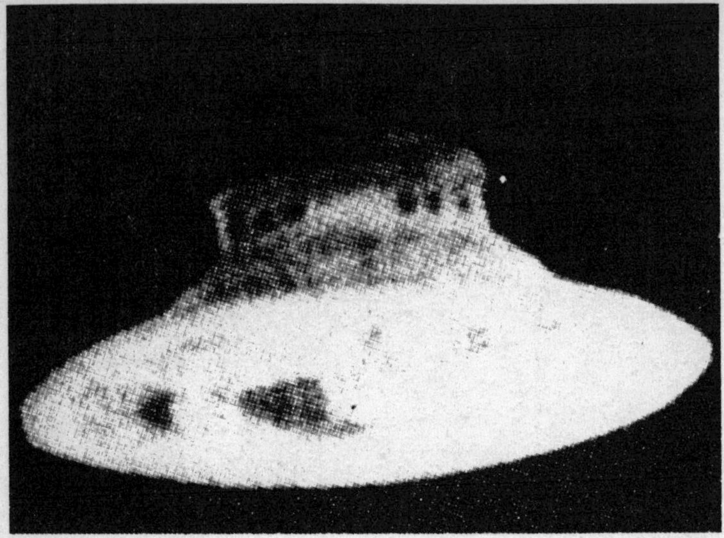

Oben: Ein Amerikaner fotografierte dieses Raumschiff - so sagte er wenigstens.
Unten: Die Orte, an denen zwischen 1947 und 1953 angeblich UFO-Wracks gefunden und von der US-Army beschlagnahmt wurden.

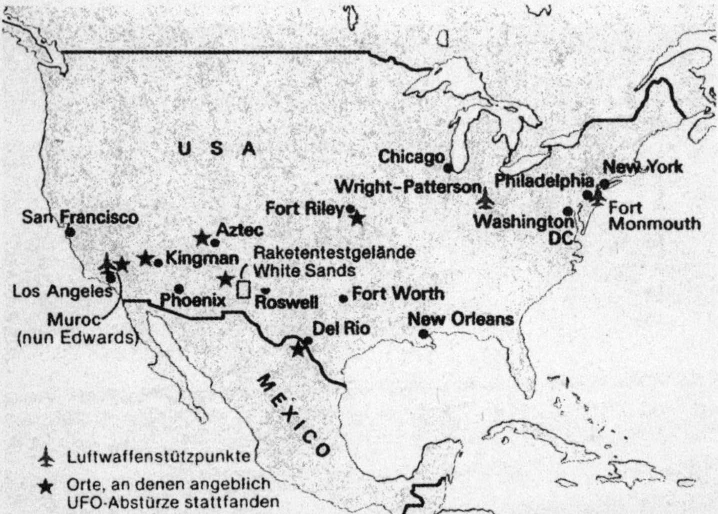

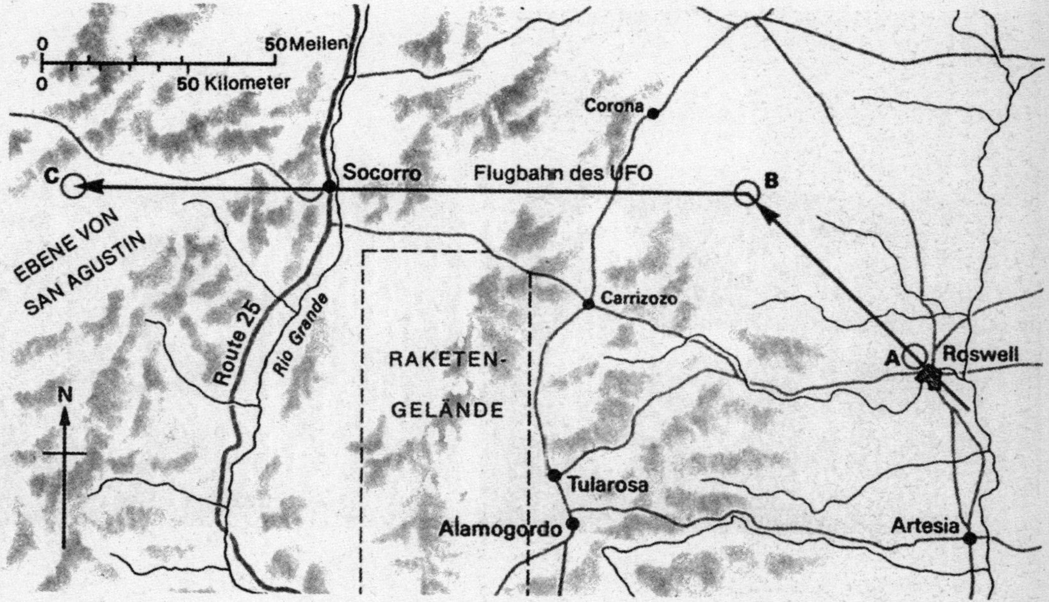

Rekonstruierter Kurs des vermeintlichen Raumschiffs, das am 2. Juli 1947 von Mr. und Mrs. Wilmot in Roswell gesichtet wurde.

Illustrationen aus dem 1898 erschienenen Buch „Earthquakes" („Erdbeben") von Arnold Boscowitz. Solche Erdbebenlichter wurden verschiedentlich beobachtet. Ihre Existenz ist seit zehn Jahren wissenschaftlich abgesichert, da sie im Labor nachvollzogen werden konnten.

400 Meter lang war und in der Richtung nach Socorro lag. Da er Wichtigeres zu tun hatte, interessierte er sich zunächst nicht sonderlich dafür, kehrte jedoch einen oder zwei Tage später zurück, um sich die Sache noch einmal anzusehen.

Er fand Stücke einer Metallfolie, sehr dünn und biegsam, aber dabei ungeheuer widerstandsfähig. Sie ließ sich weder zerknittern noch dauerhaft verformen. Auf ihrer Oberfläche waren schriftähnliche Zeichen zu erkennen, und an einem der Stücke hing ein bandförmiger Streifen, der – gegen das Licht betrachtet – eine Art Blumenmuster aufwies.

Als er am nächsten Abend zufällig nach Corona kam, berichtete er Freunden von seinem Fund. Dabei erfuhr er, daß kurz davor mehrere Personen fliegende Untertassen in der Gegend beobachtet hatten – insgesamt über ein Dutzend, die unverkennbar nichts mit dem nahe gelegenen Raketentestgelände White Sands zu tun hatten. Auf Anraten des Sheriffs, dem er von seinem Fund erzählte, wandte er sich an die nahe Roswell gelegene Luftwaffenbasis.

Ein Funkreporter erfuhr von Brazels Entdeckung und interviewte ihn, noch ehe er den Stützpunkt aufsuchte. Aber schon bei den Vorbereitungsarbeiten der Radiogesellschaft wurde die Sendung sofort unter Androhung des Lizenzentzugs durch die Behörden gestoppt. Als Brazel sich bei der Luftwaffenbasis meldete, hielt man ihn gleich fest und fragte ihn aus, während Soldaten zu seiner Ranch fuhren und das ganze Gebiet durchkämmten, um jedes Fetzchen des seltsamen Materials einzusammmeln. Neugierige Anwohner fanden die Straße von Militär blockiert und das Terrain abgeriegelt. Erst nach mehreren Tagen durfte Brazel nach Hause zurückkehren. Er war enttäuscht und verärgert darüber, wie man ihn behandelt hatte: »Mein Gott, ich wollte doch nur ein gutes Werk tun, und sie haben mich dafür ins Gefängnis gesteckt.« Er erzählte, man habe ihn angewiesen, nichts über seinen Fund zu sagen. Seinen Kindern erklärte er, daß es besser wäre, wenn sie nicht mehr darüber wüßten, als was in der Zeitung stand.

Unter den durch die Nachricht alarmierten Reportern befand sich Jonnie McBoyle, Teilhaber der Radiogesellschaft KSWS in Roswell. Am 7. Juli erhielt der Radiosender KOAT im nahen Albuquerque, der über weitreichendere Senderanlagen verfügt, von McBoyle folgende Information am Telefon: »Eine fliegende Untertasse ist abgestürzt... Nein, ich scherze nicht... Bei Roswell. Ich bin selbst dagewesen und habe es gesehen. Sie sieht aus wie eine große zerknautschte Abwaschschüssel. Ein Rancher hat sie mit seinem Traktor in einen Viehunterstand geschleppt. Die Armee ist da und will sie mitnehmen. Das ganze Gebiet ist jetzt abgeriegelt. Und was das wichtigste ist: Sie sagen, es seien kleine Männlein an Bord gewesen... Geben Sie das sofort in den Fernschreiber. Jetzt gleich...«

Der Mann am Fernschreiber wollte dies tun, wurde jedoch durch eine gerade hereinkommende Meldung daran gehindert: »ACHTUNG ALBUQUERQUE: GEBEN SIE DIESE MELDUNG NICHT WEITER: STELLEN SIE DIE ÜBERMITTLUNG SOFORT EIN.« Der Absender konnte nicht ermittelt werden.

Als der Mann am Fernschreiber wieder mit McBoyle sprach, sagte dieser: »Vergessen Sie die ganze Sache. Sie haben nie davon gehört. Verstanden? Sie dürfen nichts davon wissen.«

Die Unterschiede zwischen diesen beiden Berichten springen sofort ins Auge. McBoyle behauptete, er habe auf einer Ranch bei Roswell – es könnte gut die Ranch von Brazel gewesen sein – ein Objekt gesehen, das wie »eine zerknautschte Abwaschschüssel« ausgesehen habe. Brazel dagegen fand nur Wrackteile. Eigenartig ist auch, daß die Schlagzeile des *Roswell Daily Record* am 8. Juli lautete: »Fliegende Untertasse auf Ranch bei Roswell in die Hände der Luftwaffe gefallen.«

Der Artikel selbst war die Wiedergabe einer Presseverlautbarung der Luftwaffe. Darin hieß es:

»Die zahlreichen im Umlauf befindlichen Gerüchte von einer fliegenden Scheibe bestätigten sich gestern, als die geheimdienstliche Abteilung des 509. Bombergeschwaders des in Roswell stationierten 8. Luftwaffenregiments dank der Mithilfe eines hiesigen Ranchers und des Bezirkssheriffs ein scheibenförmiges Flugobjekt in Gewahrsam nehmen konnte.

Das Flugobjekt ging zu einem nicht näher bestimmten Zeitpunkt in der letzten Woche in der Nähe einer Ranch bei Roswell nieder. Da der Rancher kein Telefon besaß, brachte er den Flugkörper an einem geeigneten Ort unter, bis er Gelegenheit hatte, den Sheriff zu informieren, der seinerseits den Major Jesse A. Marcel von der geheimdienstlichen Abteilung des 509. Bombergeschwaders von der Sache in Kenntnis setzte.

Es wurde unverzüglich eine Aktion zur Bergung des Flugobjekts eingeleitet. Die fliegende Scheibe wurde auf dem Militärflughafen von Roswell untersucht und anschließend von Major Marcel an übergeordnete Stellen weitergeleitet.«

Verantwortlich für diese Presseerklärung war der Public-Relations-Offizier des Stützpunktes, Lieutenant Haut. Handelte er auf Weisung seines Commanders? Er selbst bejaht diese Frage: Colonel Blanchard habe ihn gebeten, eine Presseverlautbarung herauszugeben, aus der hervorginge, daß die Luftwaffe das Wrack einer abgestürzten fliegenden Untertasse geborgen habe. Er selbst habe gefragt, ob er das Objekt besichtigen könne, aber der Commander habe diese Bitte abgelehnt. Wenn Haut tatsächlich auf Befehl handelte, hat seine Verlautbarung den Charakter einer offiziellen Erklärung und wäre ernst zu nehmen. Das 509. Bombergeschwader war eine Elitetruppe, der kaum ein verantwortungsloser Scherz zuzutrauen ist. Colonel Blanchard wurde später General. Allerdings sind wir hier ausschließlich auf Lieutenant Hauts eigene Darstellung angewiesen.

Wie dem auch gewesen sein mag, die Meldung stieß höheren Orts auf Mißbilligung. Nur Stunden nach ihrer Veröffentlichung erklärte General Ramey aus Fort Worth im benachbarten Bundesstaat Texas über Radio, daß es sich bei der ganzen Angelegenheit um einen Irrtum bei der Identifikation des Flugkörpers gehandelt habe.

Diesem Dementi folgte eine Pressekonferenz. Es wurde gestattet, die Wrackteile aus einiger Entfernung zu fotografieren. Bei einer zweiten Konferenz durften sich die Reporter den Fundstücken nähern, aber es besteht der Verdacht, daß es andere Teile gewesen sind, schon gar nicht die auf der Brazel-Ranch gefundenen. Das Material war extrem zerbrechlich und leicht. Es paßte zu der Version von den Überresten eines verirrten Wetterballons. Brazel schwieg zwar im wesentlichen wie befohlen, erklärte jedoch immer wieder: »Ich bin ganz sicher, daß es sich bei meinem Fund nicht um einen Wetterbeobachtungsballon gehandelt haben kann.«

Brazels Sohn Bill sammelte einige der Teile ein und bewahrte sie auf. Zwei Jahre später erwähnte er zufällig diese Tatsache in einem Wirtshaus in Corona. Schon am nächsten Tag erhielt er militärischen Besuch. Man beschlagnahmte das Material mit der Erklärung, die nationale Sicherheit erfordere diese Maßnahme. Daß die Armee noch zwei Jahre nach dem Vorfall ein so heftiges Interesse an einigen kleinen Teilen eines Wetterballons zeigen sollte, ist unwahrscheinlich.

Bemerkenswert ist ebenfalls, daß Brazel noch in militärischem Gewahrsam gehalten wurde, nachdem die Wrackteile amtlicherseits bereits als Teile eines harmlosen Ballons identifiziert worden waren. Dies wäre eine erstaunliche Überreaktion gewesen.

Die Geschehnisse von Roswell lassen sich nicht einfach als Einbildung eines Hysterikers einstufen. Brazel handelte ruhig und überlegt aus dem einfachen patriotischen Wunsch heraus, das Richtige zu tun. Es spricht nichts dafür, daß er politische, religiöse oder persönliche Motive verfolgte; er war weder ruhm- noch gewinnsüchtig. Auch für die militärische Presseverlautbarung kann man keine panische Reaktion verantwortlich machen. Offiziere setzen kaum leichtfertig ihre Karriere aufs Spiel – von den Interessen der Nation ganz zu schweigen –, indem sie sensationelle Gerüchte verbreiten. Dagegen erweckt ihr späteres Verhalten den Eindruck überstürzten Handelns und den Verdacht, es habe sich um den Versuch gehandelt, die ursprüngliche Meldung ihrer möglichen explosiven Wirkung wegen zurückzunehmen.

Wenn man die einzelnen Teile des weitgehend auf Hörensagen beruhenden Belegmaterials zu diesem Vorfall zusammensetzt, werden Widersprüche offenbar, die aber nicht überbewertet werden sollten. Immerhin ergeben die Puzzlestücke zusammengenommen doch ein recht klares Bild der Geschehnisse. Wahrscheinlich ist, daß die Wilmots ein großes glühendes Objekt in

Richtung der Brazel-Ranch über den Himmel schießen sahen. Daß Brazel in der Nacht eine Explosion hörte und am nächsten Morgen zu Boden gegangene Teile fand und daß ferner das Objekt, nachdem es seine Richtung geändert hatte, über Socorro nach Westen weiterflog, um schließlich bei San Augustin abzustürzen, wo es von Barnett gesehen wurde.

Ebenfalls festzustehen scheint, daß sich die militärischen Stellen plötzlich und heftig bemühten, die veröffentlichten Informationen wieder rückgängig zu machen. Dies gibt Anlaß zu der Vermutung, daß es dabei um Wichtigeres ging als nur um einen verirrten Wetterballon.

Weder ist die Roswell-Story hiermit zu Ende, noch handelt es sich dabei um einen Einzelfall. Und das Flugobjekt selbst, das angeblich von der Armee abtransportiert wurde? Die seltsamen Leichen im Wüstensand? Was wurde aus diesen Überresten?

Viele Teilchen fügen sich zu einem Ganzen

»Irgendwo in den USA gibt es eine sicher verschlossene Lagerhalle, die so scharf bewacht wird wie kaum ein anderes Gebäude auf der Welt. Nur absolut loyale Angehörige der Regierung und des Pentagons haben Zutritt. Denn in dieser Lagerhalle liegen unwiderlegbare Beweise dafür, daß es UFOs gibt.«

Mit diesen Worten drückt der amerikanische Ufologe Otto Binder, Autor des sehr objektiven Werkes *What we really know about flying saucers* (Was wir tatsächlich über fliegende Untertassen wissen), seine Überzeugung aus, daß die amerikanische Regierung ein außerirdisches Flugobjekt verbirgt. Während manche fest daran glauben, halten andere die Behauptung für ein Sensationsmärchen. Die Verfechter dieser Überzeugung können sich kaum auf sichere Fakten berufen, doch liegen immerhin so viele Indizien vor, daß sich auch der größte Skeptiker fragen muß, ob nicht doch etwas an der Sache dran ist.

Da im gesamten Bereich der Ufologie die konkreten Anhaltspunkte so rar, so widersprüchlich und so ungesichert und wir oft genug auf anonyme Zeugenaussagen und reines Hörensagen angewiesen sind, liegt die Versuchung nahe, die Berichte von abgestürzten UFOs entweder als von sensationslüsternen Journalisten in die Welt gesetzt oder als paranoisches Hirngespinst abzutun. Jahrelang vermieden ernsthafte Ufologen, diesen Hinweisen auf den Grund zu gehen.

Aber das änderte sich, als bei Aufdeckung der Watergate-Affäre und Enthüllungen über den Vietnamkrieg ans Licht kam, in welchem Maße die US-Regierung bereit war, durch gezielte Verschleierungs- und Täuschungsmanöver die Öffentlichkeit zu hintergehen. Nachdem es jahrelang geheißen hatte, der CIA habe nicht das geringste Interesse an UFOs, mußte die US-Regierung auf das 1976 in Kraft getretene Informationsfreigabegesetz hin Unterlagen zur Veröffentlichung zulassen, aus denen das Gegenteil hervorging. Vermutlich handelt es sich dabei jedoch nur um die Spitze des Eisbergs. Was noch alles vertuscht wird, kann nur gemutmaßt werden.

Immerhin veranlaßte diese Erfahrung jedoch viele Ufologen, sich ernsthaft mit solchen Vorwürfen auseinanderzusetzen. Diese Ufologen gehörten zum großen Teil einer jüngeren Forschergeneration an, die nicht mehr einfach alles glaubte, was von offizieller Stelle verlautbart wurde.

Das größte Verdienst gebührt in diesem Zusammenhang dem Nestor der modernen Ufologie, Leonard Stringfield, der nahezu im Alleingang eine ganze Kette von Beweisen dafür zusammentrug, daß die amerikanische Regierung UFOs und UFO-Teile verwahrt. Am Ende seiner Bemühungen steht eine Sammlung von Zeugenaussagen, die zwar weitgehend anonym sind, aber dennoch ein beeindruckend geschlossenes Bild ergeben. Gleichzeitig gingen William Moore, Stanton Friedman und Charles Berlitz weiter den bereits geschilderten Ereignissen von Roswell nach.

Es gibt schlüssige Indizien dafür, daß zum Zeitpunkt des vermutlichen UFO-Absturzes in Neumexiko im Jahre 1947 eine ungewöhnlich große Fracht – möglicherweise also Wrackteile des abgestürzten Flugobjekts – unter strengen Geheimhaltungsmaßnahmen von Militäreinheiten über Land transportiert wurde. Der Bestimmungsort dieses Transports sei angeblich der Luftwaffenstützpunkt Muroc in Kalifornien gewesen. Und hier kommt nun tatsächlich eine kaum glaubliche, aber dennoch hartnäckig verfochtene Behauptung ins Spiel. Eben diesen Stützpunkt soll Präsident Eisenhower am 20. Februar 1954 besucht haben, um dort die UFOs zu besichtigen.

Im Prinzip ist dies durchaus möglich. Eisenhower verbrachte damals einen Golfurlaub auf dem Landsitz eines Freundes bei Palm Springs, nur 150 Kilometer von Muroc entfernt, obwohl er erst eine Woche zuvor von einem Jagdurlaub in Georgia zurückgekehrt war. Sollte der Präsident wirklich so kurz hintereinander zweimal Ferien gemacht haben?

Gewöhnlich verfolgt die Presse ganz genau, was der Präsident zu jeder Stunde des Tages tut. Für den 20. Februar jedoch fehlen für einen Zeitraum von mehreren Stunden derartige Informationen. Es ging sogar das Gerücht um, er sei gestorben. Auf einer rasch einberufenen Pressekonferenz wurde erklärt, er habe sich einer dringenden zahnärztlichen Behandlung unterziehen müssen. Einige Jahre später befragte man die Familie des betreffenden Zahnarztes. Die Auskunft lautete vage, ja, es könne schon möglich gewesen sein – als wenn man sich an so einen Tag nicht zeitlebens erinnern würde!

Im Mai 1954 behauptete ein Gerald Light in einem Brief, er habe mit eigenen Augen auf dem Stützpunkt Muroc gesehen, wie fünf außerirdische Flugobjekte von der Luftwaffe untersucht wurden. Außerdem bestätigte er den Eisenhowerbesuch. Leider ist über Light kaum etwas bekannt, wenn dieser Brief auch zweifellos existiert. Zu dem Eisenhowerbesuch gibt es noch zwei weitere Zeugenaussagen, die große Übereinstimmung aufweisen.

Aufgrund dieser Indizien entstand die Theorie, das gesamte UFO-Phänomen sei nur ein gezieltes Tarnmanöver der Regierung zur Verschleierung noch viel beunruhigenderer Tatsachen. Folgender Vorfall stützt diese Vermutung: Am 20. September 1977 beobachteten am frühen Morgenhimmel Einwohner der sowjetischen Stadt Petrosawodsk ein »quallenförmiges« Objekt. Man hielt es spontan für ein UFO; die Nachricht von dem Ereignis drang bis ins Ausland. Die Sowjetregierung leugnet grundsätzlich, wie die anderen Regierung auch, die Existenz von UFOs – aber diese Beobachtung konnte sie nicht einfach ignorieren.

Allerdings steckte dahinter etwas anderes, als die Öffentlichkeit vermutete; denn bei dem gesichteten Objekt handelte es sich um den von der geheimen Abschußbasis Plesetsk gestarteten Spionagesatelliten Kosmos-955. Das durften die Behörden aber nicht zugeben. Ihnen blieb keine andere Wahl, als die Öffentlichkeit in dem Glauben zu lassen, daß ein UFO gesichtet worden sei.

»CIA hat Beweise für die Existenz von UFOs«, so lautete die Überschrift eines Artikels in der Zeitschrift *UFO-Report* im Jahr 1977, in dem ein ehemaliger Geheimdienstler eingestand, der CIA halte bewußt Beweismaterialien zurück. Allerdings könnten auch solche »undichten Stellen« Teil der Verschleierungsstrategie des CIA sein.

Nicht ohne weiteres von der Hand zu weisen ist das Argument, daß die technischen Mittel, welche die UFOs auszeichnen, einen so hohen Standard haben, daß es keinem Staat auf Erden gelungen sein dürfte, sie heimlich zu entwickeln. Aber angenommen, die UFOs seien tatsächlich irdischen Ursprungs – wo kämen sie dann her? Aus den kanadischen Wäldern, wie eine Theorie besagt? Weshalb treten sie an so verschiedenen Orten und in so verschiedener Form auf? Wie erklären sich die Insassen, die sich von unserem Menschenbild so deutlich unterscheiden?

Im Dezember 1980 entdeckten zwei Frauen und ein Kind während einer Autofahrt in Texas ein gewaltiges glühendes Objekt am Himmel. Als sie anhielten, um es genauer zu beobachten, trugen sie Verbrennungen davon, die zum Teil sogar stationär im Krankenhaus behandelt werden mußten. Das Flugobjekt konnte über eine beträchtliche Entfernung gefährliche Strahlen aussenden. Ist es denkbar, daß die US-Regierung so riskante Versuche an einem Ort unternimmt, an dem sich Menschen aufhalten? Wenn das Militär aber nichts damit zu tun hatte, welche Aufgabe hatten dann die 23 Hubschrauber eines von der Luftwaffe verwendeten Typs, die das mysteriöse Flugobjekt begleiteten?

Es gibt noch viele andere ähnliche Berichte, die, für sich genommen, kaum glaubhaft sind, insgesamt betrachtet jedoch den Verdacht erhärten, daß die US-Regierung, und möglicherweise auch noch andere Staaten, Flugobjekte besitzen, von denen die Öffentlichkeit nichts erfahren soll, gleichgültig, ob es sich nun um außerirdische UFOs oder um streng geheime militärische Flugkörper handelt.

UFOs und die Wissenschaft

Rätselhafte Kräfte

Für den Streifenpolizisten A. J. Fowler in der texanischen Kleinstadt Levelland war der Abend des 2. November 1957 sehr ereignisreich. Gegen 23 Uhr erhielt er auf der Hauptwache den ersten von mehreren seltsamen Telefonanrufen. Es meldete sich ein Pedro Saucedo mit folgender Story: »Sechs Kilometer westlich von Levelland ist ein torpedoförmiges, hell erleuchtetes, gelbweißes Flugobjekt mit hoher Geschwindigkeit auf meinen Laster zugeflogen. Als es sich dicht über dem Fahrzeug befand, gingen Scheinwerfer und Motor des Lasters aus. Das Objekt gab große Hitze ab, und als ich ausstieg, um es besser zu sehen, wurde ich ohnmächtig. Als das UFO sich entfernte, gingen die Scheinwerfer wieder an, und der Motor ließ sich ohne Schwierigkeiten starten.« Saucedo und sein Beifahrer mußten noch ein ganzes Stück fahren, um die Polizei anrufen zu können; aber Fowler maß der Geschichte zunächst keine Bedeutung bei.

Eine Stunde später erfolgte ein weiterer Anruf, diesmal von einer Stelle sechs Kilometer östlich von Levelland (aus der gleichen Richtung, in die das Objekt geflogen war). Ein Mann berichtete von der Begegnung mit einem glänzenden, eiförmigen, ungefähr 60 Meter langen UFO mitten auf der Straße. Motor und Scheinwerfer seines Autos seien ausgefallen. Das Objekt habe ein helles neonartiges Licht ausgestrahlt. Als er aus dem Auto gestiegen sei, habe sich das Objekt aufwärts bewegt. Danach habe er sein Auto wieder starten können.

Kurze Zeit später meldete sich ein weiterer Autofahrer mit gleichen Beobachtungen.

Während der nächsten Stunde gingen noch mindestens vier ähnliche Meldungen ein. Ein Feuerwehrmann berichtete, er habe ein rotes Licht am Himmel gesehen, gleichzeitig habe sein Motor gestottert, und die Scheinwerfer seien erloschen. Von einem geheimnisvollen roten Licht sprachen außerdem noch ein Sheriff und sein Gehilfe.

Nachrichten von derartigen Geschehnissen, wenn auch nicht in dieser Häufung, kommen aus aller Welt. Meist wird der Radioempfang gestört, Motoren stottern oder ersterben, Instrumente schlagen wild aus, Scheinwerfer erlöschen, oder gar die gesamte Elektrik des Fahrzeugs wird beschädigt. In der Regel lassen sich die Autos wieder starten, wenn sich die Flugobjekte entfernt haben. Manchmal erleiden die Autoinsassen schwere seelische Schocks, und auch von starken Wärmeausstrahlungen, statischer Elektrizität oder außergewöhnlichen Gerüchen ist bisweilen die Rede. Nur in seltenen Fällen werden außerirdische Wesen gesichtet.

Manchmal tragen Autos bleibende Schäden davon, die dann von Wissenschaftlern untersucht werden können. Dabei gilt es, bewußte oder unbewußte Täuschungen auszuschalten. Von einigen wenigen solcher Schadensfälle wird angenommen, daß sie durch Kugelblitze verursacht wurden.

Auch in Flugzeugen kam es bei UFO-Begegnungen zu Störungen der elektrischen Anlagen. So traf am 4. November 1957 eine C-46 der Varig Airlines auf dem Flug von Porto Alegre nach São Paulo auf ein ungewöhnliches Flugobjekt. Pilot und Co-Pilot sahen ein rotes Licht rasch auf sich zukommen. Plötzlich schoß es im Winkel von 45° nach oben und wurde größer. Im Flugzeug verbreitete sich ein Geruch von versengtem Gummi. Das Richtfluggerät, ein Generator und die Funkanlage brannten durch. Unmittelbar darauf war das Objekt verschwunden.

Auch auf Schiffen ist schon Ähnliches passiert. So sahen am 15. Dezember 1968 gegen 15 Uhr zwei Seeleute an Bord des Frachters *Teel* bei Hawk Inlet in Alaska eine runde weiße Lichterscheinung langsam auf sich zuschweben. Um 19 Uhr war das Objekt immer noch sichtbar, wobei es jetzt auf dem Wasser zu treiben schien. Dann stieg es empor und flog über einen nahen Bergkamm davon.

Am darauffolgenden Abend war das seltsame Licht wieder zu sehen. Es näherte sich langsam, bis es unmittelbar über dem Mast der *Teel* in etwa 21 Meter Höhe lautlos verharrte. Die Besatzung des Schiffes benachrichtigte über Funk den Luftwaffenstützpunkt Elmendorf und die Küstenwache. Nach etwa 5 Minuten fielen Schiffsmaschine und Funkanlage aus. Ein Notaggregat arbeitete nur mühsam und drohte ebenfalls zu versagen. Als das Objekt sich entfernte, funktionierte der Generator wieder normal. Der amerikanische Ufologe Dr. James Harder vertritt die Auffassung, das UFO habe möglicherweise einen Kurzschluß im Generator ausgelöst, durch den der Dieselmotor so überlastet worden sei, daß er zu stottern begann.

Es wird in diesem Zusammenhang auch von elektromagnetischen Phänomenen geredet. Das beweist jedoch gar nichts und wirft nur neue Fragen auf. Solche Vorgänge lassen sich auch durch die moderne Physik nicht klären. Eine andere Theorie besagt, daß UFOs ein starkes Magnetfeld um sich verbreiten, das auf die Steuerung elektrischer Anlagen einwirkt. In diesem Falle müßte es sich allerdings um ein sehr präzise kontrolliertes Feld handeln.

Von »gezielten Störaktionen« spricht ein Bericht aus dem Iran. Am 18. September 1976 wurde vom Kontrollturm des Flughafens Mehrabad in Teheran ein unbekanntes Flugobjekt ausgemacht, und zwei Phantom-Jäger der iranischen Luftwaffe stiegen auf, um seine Verfolgung aufzunehmen. Die Piloten beschrieben das Objekt als rund. Als sie sich ihm näherten, beschleunigte es auf mehrfache Schallgeschwindigkeit, wendete und flog auf die Jäger zu. Die Piloten wollten sofort das Feuer eröffnen, aber die elektronisch gesteuerten Bordgeschütze reagierten nicht. Im Umkreis von 5 Kilometern des Objekts versagte die gesamte Elektronik einschließlich der Funkanlage.

Thesen über die Ursachen derartiger Phänomene bleiben bislang weitgehend Spekulation, da man erst sehr spät damit begonnen hat, sie wissenschaftlich zu analysieren.

Eine allgemein stark beachtete Untersuchung wurde im Auftrag des *Condon Committee* durchgeführt, die sich mit den Wirkungen starker Magnetfelder auf die Magnetströme am Auto beschäftigte. Man fand heraus, daß an Kraftfahrzeugen bei der Herstellung Magnetfelder entstehen, die von dem zur betreffenden Zeit herrschenden örtlichen Erdmagnetismus geprägt sind. Normalerweise bleibt dieses magnetische Feld konstant und ist bei allen Fahrzeugen eines bestimmten Typs und Baujahres gleich.

Als nun in dem Experiment über einen Test-Wagen Magnete geführt wurden, veränderte sich die Struktur des eigenen Magnetfeldes. Daraus ergibt sich: Bei jedem Auto, das einem fremden Magnetfeld von ausreichender Intensität ausgesetzt ist, verändert sich sein eigenes Magnetfeld.

Daraufhin wurden zwei Autos untersucht, die bei UFO-Begegnungen Ausfälle gezeigt hatten. In beiden Fällen hatten sich die Magnetfelder seit ihrer Herstellung nicht verändert. Demnach konnte die Ursache der berichteten Störungen kein starkes Magnetfeld gewesen sein.

Das heißt aber nicht, daß Magnetfelder nicht in anderen Fällen eine Rolle spielen könnten. Dieser Schluß wäre voreilig, da bisher nur wenige der betroffenen Autos gründlich untersucht wurden.

Im Auftrag der *British UFO-Research Association* führte ein Forscherteam in kleinem Rahmen Experimente zur Wirkung von Magnetfeldern durch. Ein interessantes Ergebnis besagt, daß der Spannungsregler bei vielen Autos schon durch vergleichsweise schwache Magnetfelder gestört werden kann. Bei geschlossener Motorhaube stellt allerdings die Karosserie einen wirksamen Schutz gegen Magneteinwirkungen dar: Um auch nur schwache Magnetfelder im Innern des Motorraumes zu erzeugen, müssen von außen sehr starke Kräfte einwirken.

Weitere mögliche Störungsursachen sind Mikrowellen, die eine starke Erhitzung bestimmter Teile bewirken könnten. Intensive ultraviolette Strahlung könnte Elektronen im Metall freisetzen und so Kriechströme hervorrufen (was die geschilderten Hautverbrennungen erklären würde).

Eine abwegig anmutende, aber sorgsam durchdachte Hypothese lautet, daß Mikrowellen eventuell Wolframfäden im Scheinwerfer so zu beeinflussen vermögen, daß sich dadurch die Batterie entlädt und der Motor ausfällt.

Allerdings wird eine leere Batterie erst nach Wiederaufladung funktionsfähig, während in vielen der beschriebenen Fälle der Motor unmittelbar nach dem Verschwinden des UFOs wieder ansprang.

Die Ufologenvereinigungen verfügen nicht über die Mittel, um breit angelegte Untersuchungen zur Lösung dieser Fragen durchzuführen, aber in Zukunft werden offizielle Stellen sich zunehmend dieser Problematik annehmen müssen. Vor allem hat die Landesverteidigung Interesse an der Erforschung von Strahlen, die selbst schwere Fahrzeuge zum Stehen bringen und auf Flugzeuge einwirken können. Außerdem gehört es zu ihrer Aufgabe, sich um Abwehrmöglichkeiten zu kümmern.

Geologische Verwerfungen und Lichterscheinungen

Der chinesische Berg Wu Tai Shan nimmt vielleicht eine Schlüsselposition bei der Enträtselung des UFO-Phänomens ein. Auf seinem Südgipfel steht ein Turm, der einst erbaut wurde, um die Beobachtung eines aufregenden Phänomens zu ermöglichen, das im alten buddhistischen China als Manifestation Buddhas galt. John Blofeld war vermutlich der letzte Europäer, der es in den dreißiger Jahren mit eigenen Augen sah. Gemeinsam mit seinem Gefährten saß er im Turm auf Beobachtungsposten, als nach Mitternacht plötzlich ein Mönch eintrat und rief: »Der Bodhisattva ist erschienen.« Was Blofeld dann durch das Turmfenster sah, verschlug ihm den Atem. »Dort, am weiten Himmel vor dem Fenster«, so schrieb er später, »zogen unzählige Feuerbälle majestätisch vorüber ...« Offenbar traten diese Lichterscheinungen so regelmäßig auf, daß die Mönche den Beobachtungsturm bauten. Sie brachten das Phänomen mit dem Berg in Verbindung.

Es spricht vieles dafür, daß diese »Feuerbälle« tatsächlich auf »Gipfelentladungen« zurückgehen – sonderbare Lichtstrahlen, die zuweilen über hohen Bergspitzen beobachtet werden können. Man kennt sie vor allem aus den südamerikanischen Anden, und manchmal sind sie über ungeheure Entfernungen hin sichtbar. Über den chilenischen Andengipfeln kommen sie vom Spätfrühling bis zum Frühherbst vor. Das gleichbleibende Leuchten rings um den Gipfel kann dabei in ausbrechende Strahlen übergehen, die wie gigantische Scheinwerferkegel aussehen. Derartige Phänomene wurden vor allem bei klarem Himmel beobachtet und scheinen in engem Zusammenhang mit Erdbeben zu stehen. So waren beispielsweise im August 1906, um die Zeit eines großen Erdbebens in Chile, die Gipfelentladungen dort so hell, daß, wie ein Zeuge sich ausdrückte, »der ganze Himmel in Flammen zu stehen schien«.

Der Zusammenhang mit Erdbeben ist deshalb so interessant, weil in Verbindung mit seismischen Aktivitäten auch noch andere Lichterscheinungen beobachtet wurden – die »Erdbebenlichter«, die sehr unterschiedliche Form annehmen können. Unmittelbar vor den heftigen seismischen Erschütterungen 1957 im Charnwood Forest in der englischen Grafschaft Leicestershire berichteten mehrere Dutzend Menschen von »kaulquappenförmigen« fliegenden Lichtern am Himmel. Während eines Erdbebens 1932 in der kalifornischen Humboldtregion sahen die beobachteten Lichter aus wie »vom Boden aus in den Himmel fahrende Blitze«. Während eines anderen kalifornischen Erdbebens in der Gegend von Hollister 1961 sahen Leute blinkende Lichter, die von verschiedenen Punkten der benachbarten Berge ausgingen. Als man die betreffenden Stellen später untersuchte, fanden sich weder Spuren noch Hinweise auf die Ursachen dafür.

In Japan sind Erdbeben recht häufig, deshalb ist man dort auch in der Untersuchung seismischer Lichterscheinungen bis heute am weitesten fortgeschritten. Ein Forscher namens Musya sammelte nicht weniger als 1500 solcher Augenzeugenberichte bei einem einzigen Erdbeben, das am 26. November 1930 die Iduhalbinsel erschütterte. Ganz unterschiedliche Lichterscheinungen wurden wahrgenommen: überlanges Wetterleuchten, nordlichtartige Streifen am Horizont sowie Lichtkegel, die vom Bebenzentrum ausgingen. Aber auch Feuerbälle und aneinandergereihte runde Lichterscheinungen wurden beobachtet. Einige waren so hell, daß sie noch in 50 km Entfernung das Land mondlichtartig erleuchteten. Das wichtigste Material zu solchen Lichtphänomenen verdanken wir jedoch einem anderen Forscher: Yasui, der zwischen 1965 und 1967 Fotoaufnahmen von atmosphärischen Leuchterscheinungen bei den häufigen kleineren Beben in der Gegend von Matsushiro sammelte.

Damit steht fest, daß die seismische Aktivität unseres Planeten ungewöhnliche atmosphärische Lichterscheinungen verursachen kann, auch wenn die Wissenschaft bislang nicht entschlüsselt hat, auf welche Weise. In ihrem 1977 erschienenen Buch *Space-Time transients* (Reisende durch Raum und Zeit) stellen Michael A. Persinger und Ghislaine F. Lafrenière die Theorie auf, daß UFOs in Wirklichkeit nichts anderes als geologisch bedingte Lichterscheinungen sind. In Gegenden, wo Erdbeben vorkommen, kann die Seismoelektrizität in der Nähe geologischer Verwerfungen zu Ionisierungseffekten in der Atmosphäre führen. Die Forscher behaupteten weiter, daß die geophysikalischen Bedingungen, die solche Lichterscheinungen hervorbringen oder mit ihnen in Zusammenhang stehen, möglicherweise auch die Vorgänge im menschlichen Gehirn beeinflussen und Halluzinationen hervorrufen.

Allerdings hatten auch schon vorher Ufologen festgestellt, daß eine Korrelation zwischen UFO-Erscheinungen und geologischen Verwerfungen besteht. So untersuchte der Franzose F. Lagarde die UFO-Beobachtungen im Zuge der UFO-Welle in Frankreich 1954 und kam zu dem Schluß: »UFOs werden vor allem über geologischen Verwerfungszonen gesichtet.« Zum gleichen Ergebnis kamen auch die Ufologen Lopez und Ares bei der Untersuchung einer Häufung von UFO-Sichtungen in den Jahren 1968/69 in Spanien. Ende der sechziger Jahre wurde die Region um Pereiro in Brasilien von einer wahren UFO-»Plage« heimgesucht. Es kam zu gewaltigen Detonationen, und »gigantische« blaugrüne Feuerbälle »flogen kreuz und quer über den Himmel«. Es gab aber auch kegelförmige Lichterscheinungen, und manche der UFOs schienen »Suchscheinwerfer« auf den Boden zu richten. Zur gleichen Zeit wurde die Region fast täglich von leichten Beben heimgesucht. Die Lichter traten immer einige Stunden vor den Erderschütterungen auf. »Die Lichtbälle deuteten genau darauf hin, wann und wo die Erde beben wird.«

In der Zeit von 1972 bis 1976 wurde die mittelenglische Grafschaft Leicestershire unter Mitwirkung des dort ansässigen Ufologen Andrew York und des Autors dieser Darstellung einer gründlichen Untersuchung im Hinblick auf alte Kultstätten und Traditionen seismischer und meteorologischer Phänomene sowie UFO-Erscheinungen unterzogen. Dabei entdeckte man einerseits bis dato unbekannte Steinmale und andererseits die Tatsache, daß gerade diese Grafschaft eine besondere Häufigkeit seismischer Ereignisse aufweist, die sich bis ins 16. Jahrhundert belegen läßt. Zugleich fand man über Jahrhunderte zurückreichende Berichte, in denen ausführlich von bemerkenswerten atmosphärischen Phänomenen in Leicestershire die Rede ist. Ein typischer Vorfall ereignete sich 1959 in dem Dorf Markfield, das im Charnwood Forest liegt, einer Gegend im Nordwesten der Grafschaft, die von zerklüftetem altem Felsgestein geprägt ist, Teil einer geologischen Verwerfungszone. »Gewaltige Blitze«, so heißt es, fuhren aus den Wolken, begleitet von »fürchterlichen« Donnerschlägen. So ging es eine ganze Weile, ohne daß es regnete. Schließlich prasselten seltsam geformte große Hagelkörner herab. Dann fing die Atmosphäre an zu knistern, und es knallte »wie Musketen«, und »wundersame feuerspeiende Erscheinungen« flogen dicht über dem Boden. Manche entwurzelten Bäume und zerstörten Häuser. Dieses sonderbare Spektakel endete genauso plötzlich, wie es begonnen hatte. Im darauffolgenden Jahrhundert vermerkte der Geistliche des ebenfalls im Charnwood Forest gelegenen Dorfes Shepshed in seinen Tagebüchern, daß ungewöhnliche Nordlichter am Himmel zu beobachten seien, die »heftig vibrierten oder hin- und herschossen«. Diese Lichterscheinungen traten neun Jahre lang zu allen Jahreszeiten über den ganzen Himmel verteilt auf, so daß es sich nicht um gewöhnliches Nordlicht gehandelt haben kann. In jüngerer Zeit waren in Leicestershire ebenfalls ungewöhnliche geophysikalische Ereignisse zu verzeichnen; so etwa der Niedergang der größten Menge von Bruchstücken eines einzigen Meteoriten, die in Großbritannien überhaupt belegt ist. Dieser Vorfall ereignete sich am Weihnachtsabend 1965 in Barwell, ungefähr 16 Kilometer südlich von Charnwood. Das »Bombardement« aus dem Weltall beschädigte Häuser und zwang die mit den letzten Weihnachtseinkäufen beschäftigten Menschen auf den Straßen, sich in die Ladeneingänge zu flüchten. Verletzt wurde niemand. Zehn Jahre später suchte noch ein außergewöhnliches Geschehnis dieses Dorf heim: Ein Feuerball mit einem Durchmesser von etwa einem Meter, vielleicht ein Kugelblitz – rotierte durch die Hauptstraße. Schließlich stieß er gegen ein Haus und explodierte.

Die Leicestershire-Studien ergaben, daß sich die ungewöhnlichen seismischen und meteorologischen Erscheinungen in jenen Teilen der Grafschaft häuften, die auch die meisten geologischen Verwerfungen aufwiesen: in der westlichen Hälfte, insbesondere in der Gegend von Charnwood. Für die seismischen Aktivitäten war das zu erwarten, weniger für die meteorologischen Phänomene. Die meisten üblichen Unwetter traten im Osten des Landes auf, woraus die Forscher folgerten, es müsse in der Nähe geologischer Verwerfungszonen bestimmte magnetische oder elektrische Faktoren geben, die auf irgendeine Weise ungewöhnliche atmosphärische Phänomene verursachen oder deren Entstehung begünstigen.

Diese Hypothese wurde erhärtet, als man sorgsam gesammelte UFO-Sichtungen mit geophysischen Daten verglich und feststellte, daß die UFO-Erscheinungen an den Stellen am häufigsten auftraten, die geologische Verwerfungszonen bildeten. Sind UFOs also ein spezielles geophysisches Phänomen?

Im Rahmen eines britischen Forschungsprojekts wurde die Leicestershire-Studie noch einmal herangezogen. Man wertete 800 UFO-Fälle zwischen 1904 und 1977 aus und berücksichtigte bei der Feststellung der Beobachtungsorte auch die Bevölkerungsdichte des Gebietes, weil in einer dünn besiedelten ländlichen Gegend ein UFO eher unbeachtet bleiben kann als über einer Großstadt.

Vergleicht man die so entstandene Karte mit einer Karte der englischen und walisischen Erdbebenzentren, ergibt sich eine erstaunliche Parallele.

Besonders aufregend sind die auf der UFO-Karte eingezeichneten sogenannten Fenster von Barmouth, Dyfed und Warminster. Die UFO-Sichtungen von Barmouth fielen in die Zeit einer regelrechten UFO-Welle in den Jahren 1904 und 1905. Damals wurden zahlreiche kugelförmige und andere bizarre Lichterscheinungen beobachtet. Viele Menschen hielten sie für Wundertaten der Methodistenpredigerin Mary Jones. Die Analyse dieser Berichte war deshalb sehr aufschlußreich, weil eine Reihe der Augenzeugen hervorhob, daß die Lichterscheinungen größtenteils vom Erdboden ausgingen oder zumindest zuerst in Bodennähe auftraten. So erblickten drei Geistliche bei Cefn Mawr, das unmittelbar über einer Verwerfung liegt, Lichtbälle, die »von der Erde aufstiegen und letztlich mit einem grellen Blitz zerplatzten«. Ein anderer Augenzeuge, Bewohner des Dorfes Dyffryn in der Nähe von Barmouth, sah im Januar 1905 drei Lichtsäulen aus dem Erdboden emporragen, und im Mai des selben Jahres wurde ein ähnliches Phänomen beobachtet, nur daß hierbei aus den Säulen auch noch Lichtbälle austraten. Ein Ehepaar wiederum bemerkte in der Nacht des 25. März 1905 dunkelrote Lichtkugeln, die von einem Feld in der Nähe einer Kapelle bei Harlech aufstiegen. Dies sind nur einige von vielen Beispielen. Eine ebenfalls ungewöhnliche Erscheinung erlebte nur wenig später im selben Jahr ein Augenzeuge. Er sah »am Himmel einen verschwommenen Lichtball von etwa 17 bis 20 Zentimetern Durchmesser ... dann wurde die Lichtkugel sehr viel heller und ... sehr viel größer ... Sie hatte jetzt eine ovale Form ... Sie glitzerte und zitterte heftig. Daraufhin schienen sich zwei lange verschwommene Lichtstrahlen von der Kugel bis fast auf den Boden herabzusenken.« Ein anderer Zeuge sah die gleiche Lichterscheinung kurze Zeit später. Sie schwebte jetzt frei dahin und leuchtete sehr hell. Könnte es sein, daß UFO-Zeugen irrtümlicherweise glauben, daß die »Suchscheinwerferstrahlen« von oben nach unten gerichtet sind, während es sich in Wirklichkeit um Bodenentladungen handelt?

1981 gelang es Dr. Brian Brady vom *US Bureau of Mines* in Denver (Colorado) im Labor den Nachweis dafür zu erbringen, daß geologisch bedingte atmosphärische Lichterscheinungen möglich sind. Er setzte ein Stück Granit unter starken Druck und filmte die dabei entstehenden kurz aufflammenden Lichtpunkte um das Mineral. Sie schossen davon, schwebten auf der Stelle oder folgten den Rissen im Graphit.

Forschungsergebnisse, Zeugenaussagen und Experimente bestärken die Annahme, daß UFOs nicht von fernen Planeten kommen, sondern eher von unserer Erde stammen, die selbst Geheimnisse genug birgt.

Ist die Erde an allem schuld?

Menhire, die aufgestellten hochragenden Steinsäulen aus vorgeschichtlicher Zeit, stehen wahrscheinlich an besonders energiegeladenen Punkten der Erde. Dafür sprechen viele alte Bräuche, Erfahrungen aus der Geomantik und Wünschelrutengängerei sowie die Reaktionen von menschlichen Medien auf solche Orte und eine Reihe gesicherter naturwissenschaftlicher Forschungsergebnisse. Um die Untersuchung solcher Zusammenhänge hat sich insbesondere das *British Dragon Project* seit 1977 verdient gemacht. Die Ergebnisse geben Grund zu der Annahme, daß bei der Errichtung dieser alten Kultstätten geophysikalische Faktoren eine Rolle gespielt haben könnten. Gleichzeitig deutet manches darauf hin, daß einige dieser Faktoren eventuell auch eine Verbindung zwischen solchen Megalithanordnungen und jenen außergewöhnlichen atmosphärischen Phänomenen, die wir UFOs nennen, herzustellen vermögen.

Bereits 1969 hat John Michell die These aufgestellt, daß diese Steinkreise über geologischen Verwerfungen lägen. Das war jedoch nur Spekulation, und erst 1982 bestätigte der Geologe Paul McCartney diese Annahme. Großbritannien bietet sich hier als ein ideales Forschungsfeld an, da es nicht nur sehr viele dieser

Steinmonumente aufweist, sondern auch zugleich ein ungeheuer breites Spektrum an unterschiedlichen geologischen Landschaftstypen kennt. Hier haben eine Fülle von Gebirgsbildungsprozessen stattgefunden. Der letzte war die »armorikanische Orogenese« vor ungefähr 300 Millionen Jahren. Dabei sind natürlich auch die präarmorikanischen Felsschichten verschoben worden, weswegen sie auch die meisten Verwerfungen auf den Britischen Inseln aufweisen. Ein Blick auf die geologische Karte zeigt, daß die meisten Verwerfungen im Norden und Westen Großbritanniens anzutreffen sind.

In der Umgebung solcher Verwerfungen gibt es Anhäufungen von Mineralien. Die in den Felsschichten enthaltenen Mineralien sind auf relativ kleinen Raum komprimiert worden, einschließlich der dort lagernden Erze. Aber nur wenige Metalle weisen magnetische Eigenschaften auf. Deshalb schwankt an solchen Orten oft der Erdmagnetismus.

Im Zuge dieser geologischen Umschichtungen früherer Erdzeitalter wurden gewaltige Mengen glutflüssiger Magma durch die Erdkruste emporgepreßt. Diese Bruchstellen blieben später Zentren ständiger Faltungen und sonstiger tektonischer Unruhen, die der Landschaft ihr besonderes Gesicht verliehen.

Wenn bestimmte Megalithanordnungen wie etwa Steinkreise tatsächlich besondere Energiepunkte markieren, so wäre zu erwarten, daß sie sich besonders häufig in geologisch instabilen Regionen finden, da dort die Erdenergien am stärksten wirksam sind. Und genau das ist auch der Fall.

Obwohl bisher über diese Fragen außerhalb von Großbritannien nur wenig erforscht wurde, liegen Ergebnisse eines französischen Projektes vor, die bisherige Annahmen bestätigen und um zusätzliche Informationen ergänzen. Pierre Mereaux untersuchte über Jahre die Megalithanordnung bei Carnac in der Bretagne, die größten Steinreihungen der Welt. Er zeigte auf, daß die vielen tausend Steine, die dieses Monument bilden, auf einer riesigen Granitplatte stehen – auf Intrusionsgestein, das auch Magneteisenerz enthält. (Das gleiche gilt auch für die britischen Steinkreise auf den großen Intrusionen von Dartmoor, Bodmin Moor usw.) Rings um diese Granitplatte befinden sich beträchtliche Verwerfungen, und es verwundert nicht, daß diese Region der Bretagne die größte seismische Aktivität in Frankreich aufweist. Mereaux hat im Lauf der Jahre eine Fülle von Experimenten im Zusammenhang mit den Steinreihungen von Carnac durchgeführt; ihre Ergebnisse erklären, weshalb Megalithe an bestimmten Orten zu finden sind. Die Schwerkraft ist nicht an allen Punkten der Erdoberfläche gleich, und an ganz bestimmten Stellen sind die Abweichungen überdurchschnittlich groß. Mereaux hat in der Gegend um Carnac mit hochempfindlichen Geräten diese Gravitation gemessen und herausgefunden, daß hier Schwankungen vorliegen. Er stellte fest, daß die fünf größten Steinreihenkomplexe an Grenzlinien zwischen Zonen »positiver« und »negativer« Gravitationsabweichungen liegen. Eine Münze ist also auf der einen Seite einer Steinreihe leichter als auf der anderen. Normalerweise würden wir diesen Unterschied gar nicht bemerken, aber geophysikalisch betrachtet, existiert er. Die These der französischen Forscher lautet nun, ebenso wie die der Mitarbeiter des *Dragon Projects,* daß die Errichter dieser Megalithen – ohne sich des Elektromagnetismus bewußt zu sein – Schwankungen in den Kräftefeldern der Erde feststellen konnten.

Ein weiteres wichtiges Ergebnis von Mereaux besagt, daß sieben Steinreihen in Carnac genau an den Grenzen einer Zone mit gleichbleibendem Magnetfeld stehen. Während eine achte Reihe, *Vieux Moulin* genannt, genau in deren Mitte lokalisiert ist. Dies erinnert an magnetische Anomalien, die Dr. Balanovski und Professor John Taylor Mitte der siebziger Jahre auf und um einen fast vier Meter hohen Megalithen in Wales feststellten. Auch einem hartgesottenen Skeptiker dürfte es schwerfallen, dies alles als Zufall abzutun.

Die Megalithe, die in der Nähe geographischer Verwerfungen stehen, und insbesondere jene auf Granitintrusionen, sind feinen Wellen von Seismoelektrizität ausgesetzt, die dadurch entstehen, daß der Granit und andere Gesteine im Boden unter starkem Druck stehen, wenn die Schichten der Verwerfungen in Bewegung geraten. Es ist bislang noch unbekannt, wie sich dieser Vorgang auf die Menhire in ihrer besonderen geometrischen Anordnung auswirkt, aber es steht fest, daß sie einen Energieinput erfahren, von dem nicht auszuschließen ist, daß er in Verbindung mit unterirdischen Wasseradern, Sonneneinstrahlung, Mondanziehung, menschlichen Energiefeldern oder sonstigen variablen elektromagnetischen Bedingungen die verschiedenartigsten Effekte hervorrufen kann. Diese wiederum könnten den alten Volkssagen zugrunde liegen, die von heilenden Kräften, Weissagung, besonderen meteorologischen Auswirkungen und der Anwesenheit von Geistern an solchen Stätten erzählen.

Sonne und Mond üben, wenn sie auf- oder untergehen, eine horizontale Kraft auf die Verwerfungen aus. Von daher sind Morgenröte und Sonnenuntergang die Zeitpunkte, an denen es am wahrscheinlichsten ist, daß ansonsten schlummernde tektonische Unruheherde ihre subtilen elektromagnetischen Effekte hervorbringen. Vielleicht steckte ja der Wunsch nach genauer Kenntnis solcher geophysischer Mechanismen hinter der offensichtlich intensiven Beschäftigung der Megalitherrichter mit dem Lauf der beiden großen Gestirne. Interessant ist auch, daß Erdverwerfungen, wenn sie in Bewegung geraten, Ultraschallwellen erzeugen können. Möglicherweise ist das die Erklärung für die Ultraschallphänomene, die die Forscher des *Dragon Project* aufgezeichnet haben.

Wenn Felsgestein großem Druck ausgesetzt wird, so kann es zu ungewöhnlichen atmosphärischen Lichterscheinungen kommen. Nun wurden, wie dargestellt, die meisten UFOs in Großbritannien über solchen Verwerfungszonen gesichtet, daher entstand die Theorie, daß es sich bei UFOs in Wirklichkeit um durch seismische Aktivität erzeugte Lichterscheinungen handelt. Das Beobachtungsmaterial deutet allerdings darauf hin, daß diese Lichterscheinungen außerdem noch besondere Eigenschaften besitzen; wohl die wichtigste ist ihre Fähigkeit, verschiedene Formen anzunehmen. Britische Wissenschaftler meinen, daß sie aus sensibler Energie bestehen und deshalb auf Vorgänge im menschlichen Bewußtsein zu reagieren vermögen.

Wenn bereits seit Jahrtausenden UFOs in unserer Erdatmosphäre erschienen sind, müssen auch die Errichter der Megalithe von ihnen gewußt haben – geheimnisvolle Lichter im Dunkel einer prähistorischen Nacht wären nicht unbemerkt geblieben. Bei massiertem Auftreten in bestimmten Regionen hätten sie diese urzeitlichen Gesellschaften mit Sicherheit in ihre jeweiligen Kosmologien integriert, und es wäre nur natürlich, daß sie auch ihre Kultstätten in solchen Gegenden angelegt hätten. Wir können diesen Vorgang an einem Beispiel aus unserer Zeit studieren. Dem Gebiet um den Manchester-See in der Nähe von Brisbane in der australischen Provinz Queensland wird nachgesagt, daß dort häufig kleine Lichtbälle auf mysteriöse Art am Himmel erscheinen und wieder verschwinden. Die dort ansässigen Ureinwohner halten diese Lichter, die sie »*min min*-Kugeln« nennen, für Totengeister und haben ihnen in unmittelbarer Nachbarschaft eine Totenstätte errichtet.

Derartige Reaktionen auf Naturphänomene sind bei Naturvölkern nicht selten. Es ist daher anzunehmen, daß auch die Errichter der Megalithe sich ähnlich verhielten und jene »Geister« sorgfältig beobachteten, ihr Verhalten studierten und selbst die Gesetzmäßigkeiten ihres Erscheinens herausgefunden haben. Unwahrscheinlich, daß solche Phänomene die religiösen oder schamanistischen Bräuche jener Völker nicht geprägt haben sollten. Vielleicht kann uns das Studium jener Steinmonumente, die uns diese frühen Gesellschaften hinterlassen haben, mehr über das geheimnisvolle UFO-Phänomen enthüllen, das so alt ist wie unsere Erde und doch noch immer eins der bemerkenswertesten und aufregendsten ungelösten Rätsel unseres Planeten.

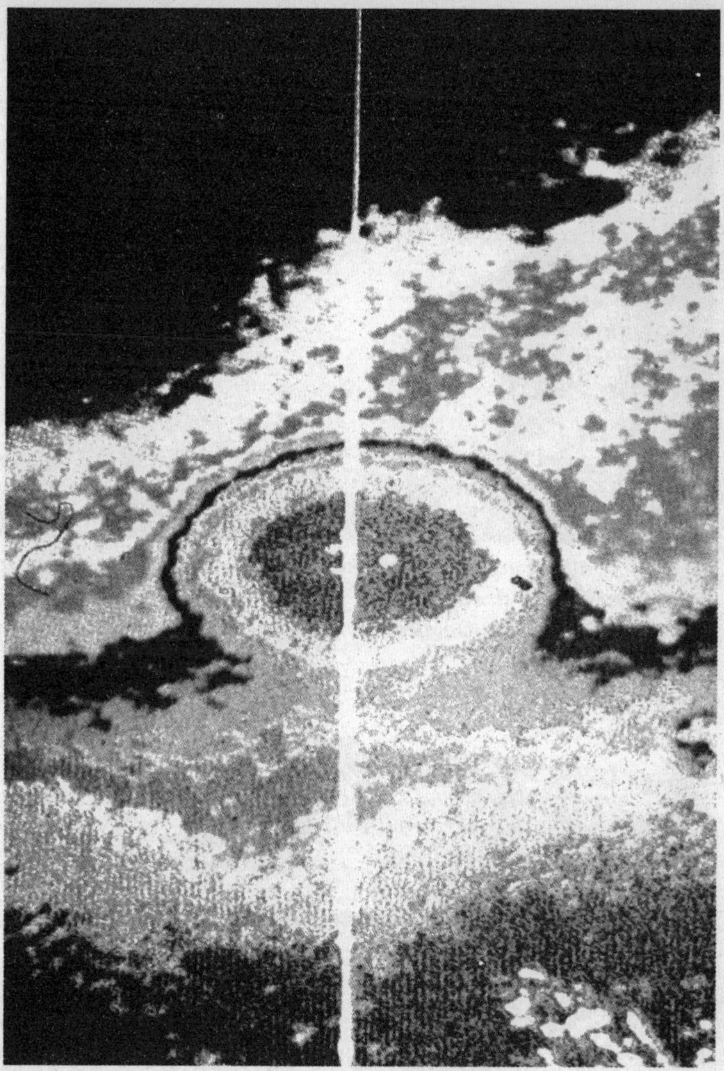

Computerumsetzung des Fotos einer über dem amerikanischen Bundesstaat Colorado gesichteten glühenden Scheibe. In verstärkter Form werden hier die Strukturen des UFOs und des ihn umgebenden Himmels deutlich.

Eine der berühmtesten UFO-Aufnahmen (oben): Eine riesige fliegende Scheibe schwebt über der kleinen Farm der Eheleute Trent in Oregon (USA). Unten eine Computerumsetzung des von den Trents fotografierten Objekts.

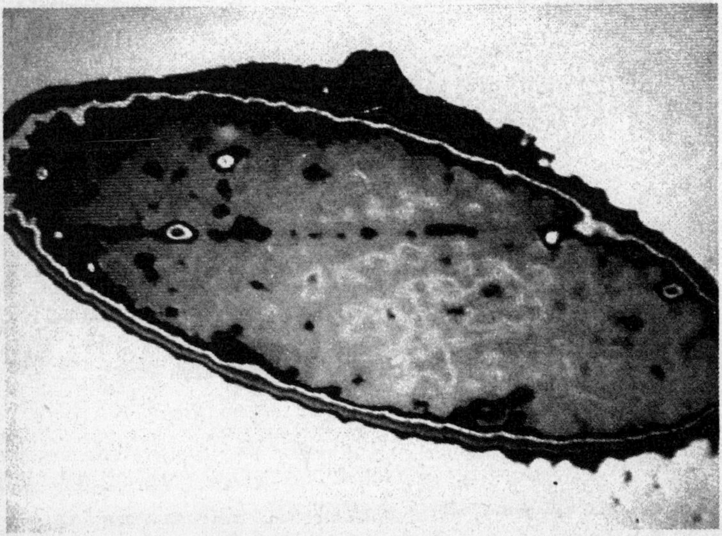

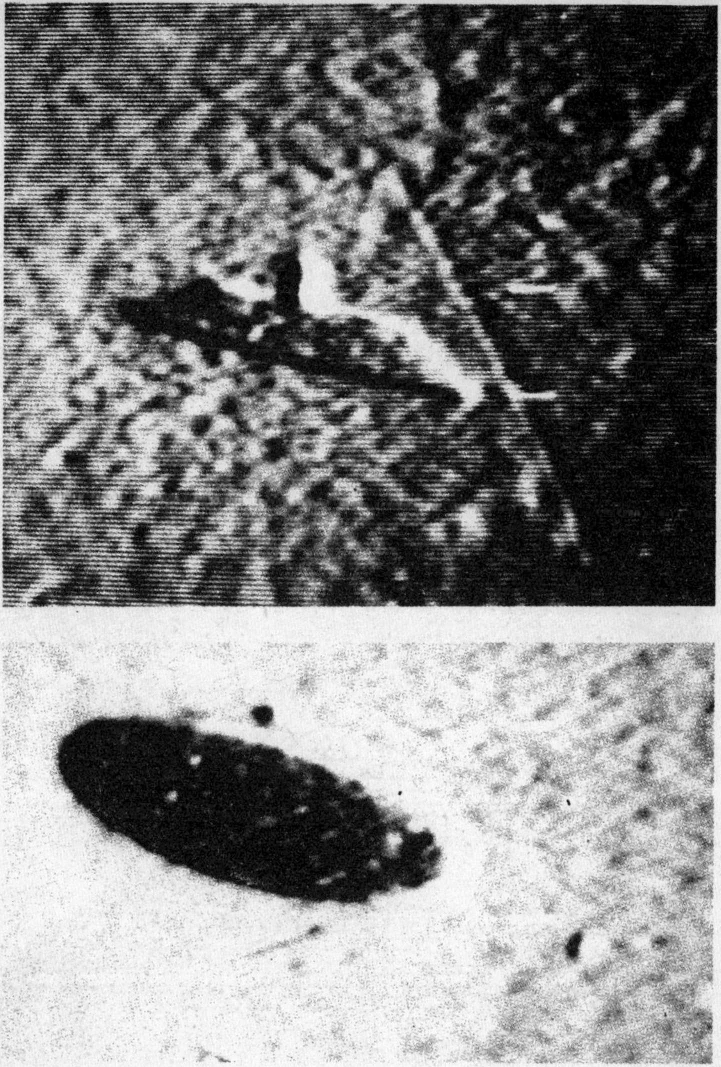

Auf diesen beiden Computerumsetzungen sind die Konturen des auf den Trent-Fotos erkennbaren Objekts hervorgehoben. Dabei treten Kratzer und andere Beschädigungen der Negative deutlich zutage. Von einem vermuteten Aufhängedraht ist jedoch nichts zu erkennen.

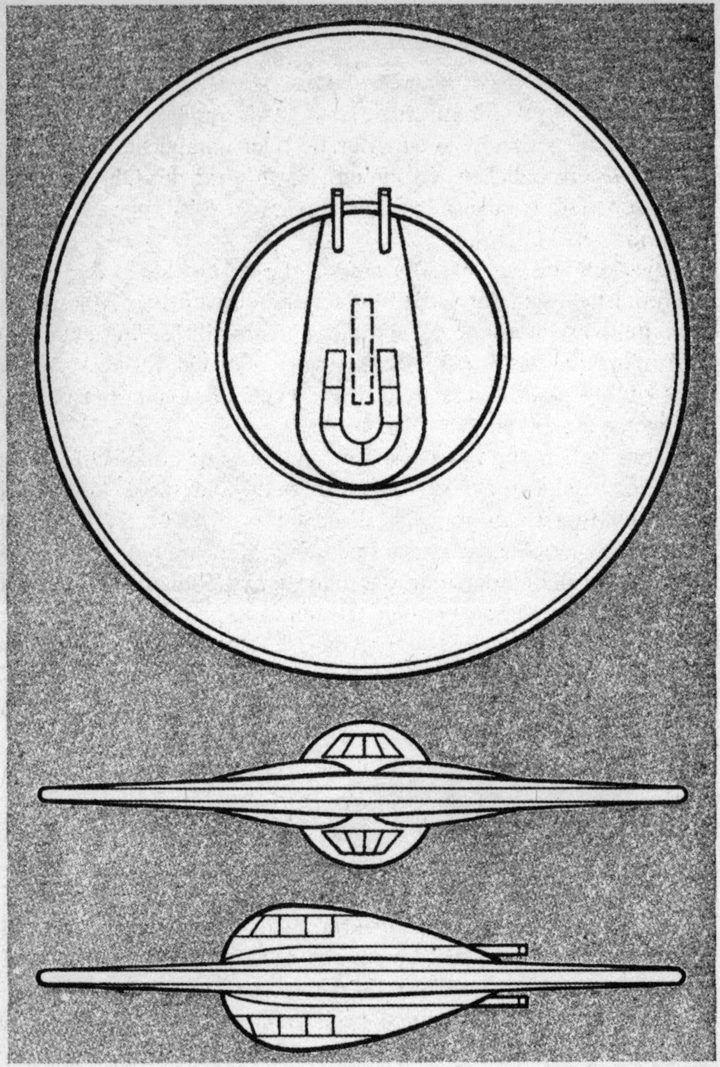

Entwurf für eine Fliegende Untertasse von Dr. Miehte, der im 2. Weltkrieg im Dienste der deutschen Rüstungsindustrie an der Konstruktion neuartiger Flugobjekte arbeitete. Bei Kriegsende 1945 war das Fluggerät schon so ausgereift, daß es binnen kurzem hätte eingesetzt werden können.

Die meisten UFO-Fotografien enttäuschen, weil sie unscharf, arm an Details und somit auf den ersten Blick wenig informativ sind. Häufig fehlen Landschaftsmerkmale oder alltägliche Gegenstände, die es ermöglichen, Größe und Entfernung der Objekte abzuschätzen. Die wenigen »brauchbaren« Fotos entpuppen sich gewöhnlich als Fälschungen.

Die Aufgabe der Wissenschaftler, die UFO-Fotografien analysieren, ist es, sich durch die Flut von minderwertigem Material zu arbeiten, Trickaufnahmen und nicht identifizierte Flugzeuge, Vögel und Himmelskörper auszusondern und die Aufmerksamkeit der Ufologen auf den kleinen Rest von echt dokumentierten Phänomenen zu lenken.

Meist stehen den Forschern bei der Analyse von UFO-Fotografien nur wenige Techniken zur Verfügung. Durch das Ausmessen von Schatten ist es möglich, nachzuweisen, daß das Bild eine Montage einer Landschaftsaufnahme und eines Fotos von einem Flugkörpermodell darstellt, die unter verschiedenen Lichtverhältnissen aufgenommen wurden. Durch Analysen der Brennweite können sie vielleicht zeigen, daß das UFO sich viel dichter vor der Kamera befand, als der Augenzeuge behauptet, und daher in Wahrheit viel kleiner gewesen sein muß. Durch Ausschnittvergrößerung kann bisweilen auch nachgewiesen werden, daß das Objekt eine bekannte »Frisbee«-Marke trägt. Häufig läßt sich feststellen, daß das Foto ein natürliches Objekt zeigt – oft sogar wirklich das Lieblingskind aller Skeptiker, die Venus, unter ungewöhnlichen atmosphärischen Bedingungen.

Aber leider nur zu oft mußten Fotos weiterhin als »unidentifiziert« gelten, weil ihre Aussagekraft nicht ausreichte, um die Frage zu beantworten: »Worum handelt es sich bei diesem rätselhaften Himmelsobjekt?« Selbst auf der verschwommensten Fotografie verbergen sich manchmal noch viele subtile Hinweise. Ihre Entschlüsselung ist nun durch ein neues Forschungsinstrument wesentlich verbessert worden: den Computer. Er ermöglichte es der *Ground Saucer Watch*, von 1000 UFO-Fotografien, die für das bloße Auge allesamt überzeugend echt wirkten, die meisten, bis auf 45, als Fehldeutungen oder Fälschungen auszusondern. Hier nun einige der Techniken, mit deren Hilfe sich solche Materialmengen differenzieren lassen:

Zur Analyse der Fotografien benutzte man ein Computerauge. Dieses tastet wie eine Fernsehkamera das Bild ab und zerlegt es in nahezu eine Viertelmillion winzige Bildzellen, die in 512 senkrechten und 480 waagerechten Reihen angeordnet sind.

Obgleich die Farben der Fotografien wichtige Informationen liefern, spielen sie bei der Computeranalyse keine Rolle, da das Kameraauge nur schwarzweiß »sieht«. Es mißt die Helligkeit jeder einzelnen Bildzelle und ordnet ihr einen bestimmten Grauwert zwischen 0 (ganz dunkel) und 31 (hell und weiß) zu. Auf diese Weise wird das Bild in eine Viertelmillion Zahlenwerte zerlegt, vom Computer gespeichert und dann auf einem mit dem Rechner verbundenen Bildschirm zu einer schwarzweißen Kopie des Originals zusammengesetzt. Man kann die Fotos den verschiedenartigsten Verfahren unterziehen, um neue Bilder herzustellen, die dann zunächst nicht sichtbare Informationen auf dem Original enthüllen.

Der Computer vermag auch Bildausschnitte sofort zu vergrößern. Diesem Verfahren sind jedoch Grenzen gesetzt, da das Bild mit zunehmender Vergrößerung immer grobkörniger und damit undeutlicher wird.

Ferner kann der Computer Kontraste verstärken, was besonders bei unscharfen Originalen oft hilfreich ist.

Durch den Computer wird es einfach, Strecken und Winkel auf einem Foto zu bestimmen. Mit Hilfe eines Netzrasters, das über das Bild gelegt wird, kann der Computer die exakte Position bestimmter Punkte bezeichnen, also auch Entfernungen und Winkel berechnen.

Diese Verfahren erleichtern die Arbeit und ermöglichen es, wesentlich mehr Material zu bearbeiten als früher. Darüber hinaus vermag der Computer mühelos eine ganze Reihe von Leistungen zu erbringen, die ohne ihn nicht möglich wären.

So kann er beispielsweise die Konturen hervorheben. Den Effekt dieser Technik kann man zum Beispiel auf der Röntgenaufnahme einer Blume sehen. Jeder Grauton gibt eine Information über die Blume – in diesem Fall die Dicke ihrer einzelnen Bestandteile –, die gleichbedeutend ist mit der Fähigkeit, Röntgenstrahlen zu absorbieren. Auf dem Negativ entsprechen hellere Zonen den dickeren Gewebepartien, die Blütenblätter und der Stempel weisen dabei sehr feine Strukturen auf.

Doch die Fähigkeit des Auges, Grautöne zu unterscheiden, ist begrenzt. Erst bei einer Verstärkung der Konturen tritt die Struktur der Blüte, die auf dem zarten, eher schleierähnlichen Röntgenbild unterging, in metallischer Klarheit zutage.

Diese Technik hat bei der Analyse vieler UFO-Bilder, auf denen nur verschwommene Formen zu sehen sind, wenig Erfolg. Sie kann jedoch bei Fotos viel enthüllen, auf denen zumindest noch schwache Details erkennbar sind: meist dunkle Objekte vor taghellem Himmel. Ein anderes Verfahren, die Farbkodierung, vermag besonders aus sehr hellen Stellen des Originals Informationen zu gewinnen. Sie beruht auf der Fähigkeit des Auges, Farben leichter unterscheiden zu können als Grauabstufungen.

Dabei wird an den Computer ein Farbfernsehgerät angeschlossen. Der Bildzelle wird entsprechend ihrer Helligkeit ein Farbwert zugeordnet. So erscheinen bei der Umsetzung des Röntgenbilds der Blume die dunkelsten Zonen schwarz. Die tiefsten Grautöne (die dünnsten Teile der Blüte) werden als Violett- und Rottöne wiedergegeben. Die nächsthelleren Zonen erscheinen gelb, grün und blau, die hellsten Bereiche (die dicksten Teile der Blüte) weiß.

Das Ergebnis ist eine farbenprächtigere Blüte, als die Natur sie geschaffen hat. Ihre Struktur wird in allen Feinheiten deutlich. Die gleiche Technik verwenden auch Radiologen, um sich genaueren Aufschluß über das Innere des menschlichen Körpers zu verschaffen, sowie Astronomen und Raumfahrtwissenschaftler bei der Auswertung von Teleobjektiv- und Satellitenfotos.

Was enthüllt nun diese moderne Untersuchungsmethode über die UFOs? Licht und Schatten auf den Fotos enthalten vielschichtige und oft unklare Aussagen, so etwa zur Form des Objekts, der an einem bestimmten Punkt abgestrahlten Helligkeit, dem eigenen Helligkeitsgrad, der Blendung oder Sichtbehinderung durch Dunst. Bei Anwendung der Farbkodierungstechnik wird oft die eigentliche Form des Gegenstandes unmittelbar erkennbar. Eine ungleichmäßige Dichte weist auf eine Wolke hin, eine zylindrische Form mit Protuberanzen (aus der Sonne herausschießender glühender Gasmasse) läßt auf einen Flugzeugrumpf und durch Lichtreflexionen teilweise unsichtbar gewordene Tragflächen schließen. Die Konturen eines Tageslicht-UFOs ähneln oft verdächtig denen einer Kameraverschlußkappe, eines Kuchentellers oder einer Radkappe.

Unter den Tausenden von Fotos, welche die *Ground Saucer Watch* mit Hilfe dieser Techniken untersuchte, befanden sich auch die berühmten »Colorado«-Fotos. Sie zeigen ein einzelnes UFO, das am 28. August 1969 um 6 Uhr 20 von Norman Vedaa und seinem Begleiter während der Fahrt auf der Landstraße 80 S in nordöstlicher Richtung, etwa 110 Kilometer östlich von Denver (Colorado), gesichtet und fotografiert wurde. Vedaa beschrieb das Flugobjekt als goldgelb, sehr hell, oval und geräuschlos. Er sagte: »Das Objekt war so hell, daß man kaum hinsehen konnte – und schien für Momente auf der Stelle zu schweben. Sein heller Schein wurde von den Wolken darunter reflektiert...« Die beiden Farbdias zeigen tatsächlich einen leuchtendgelben Lichtfleck mit klar umrissenen Konturen, der von den Wolken reflektiert wird.

Man kann den Licht-Schatten-Kontrast des angeblichen UFOs mit dem abgebildeter Landschaftsdetails vergleichen: Ergeben sich dabei Diskrepanzen, deutet dies auf eine Fotomontage oder die Aufnahme eines dicht vor der Kamera befindlichen Modells hin. Die gleiche Methode läßt sich auch dafür benutzen, zu bestimmen, inwieweit atmosphärischer Dunst das UFO verdeckt. Je weiter entfernt das Objekt, desto heller und kontrastarmer wird es erscheinen, da das Licht durch Luftmoleküle, Staub und Wasserdampf gefiltert wurde. Dieses Faktum ermöglicht es oft, die Entfernung des UFOs vom Beobachter zu bestimmen.

Sorgfältige Messungen des Schärfegrades verschiedener Bilddetails ergeben ebenfalls wertvollen Aufschluß über Entfernungen.

So muß oft gerade die Verschwommenheit der meisten UFO-Aufnahmen als Indiz für ihre Echtheit gewertet werden.

Manchmal ist das UFO gestochen scharf zu erkennen, während sämtliche Details auf der Erde, die mehr als 15 Meter entfernt sind, verschwommen sind. Ein Beweis dafür, daß das Objekt sich sehr dicht vor der Kamera befunden haben muß. Entweder handelt es sich um eine Manipulation, oder aber die »kleinen grünen Männchen« in diesem Fall müßten sehr winzig gewesen sein. Die Auswertung der verschiedenen Schärfegrade ist ein routinemäßiger Bestandteil der Analysen von UFO-Fotos. Durch Computereinsatz wird die Arbeit heute erheblich erleichtert.

Bei der Untersuchung der Vedaa-Bilder konnte die *Ground Saucer Watch* immer mehr natürliche Erklärungen ausschließen. Es war kein Wetterballon, Vogelschwarm oder Meteor – die Helligkeitswerte ergaben eindeutig die Form einer Scheibe. Es handelte sich auch nicht um ein durch reflektierendes Sonnenlicht entstelltes Flugzeug – dafür war es zu hell, und von Tragflächen war auch keine Spur zu entdecken. Ebenso ließen sich Objektivspiegelung, Wolkenreflexionen, Luftspiegelung und sonstige atmosphärische Phänomene ausschließen; dafür stand die Sonne in der falschen Position. Das Objekt war dreidimensional und mit Sicherheit weit von der Kamera entfernt.

Schon in naher Zukunft werden solche Fotoanalysen mit wesentlich leistungsfähigeren Computerprogrammen durchgeführt, und auch die Hardware wird sich weiterentwickeln. Noch schnellere Rechner mit größerer Speicherfähigkeit werden die Originalbilder in noch feinere Details auflösen können. Bald schon werden Fälschungen praktisch unmöglich sein. Ist nun die Lösung des UFO-Rätsels in Sicht?

Die Analyse der Trent-Fotos

Einer Computeranalyse wurden auch zwei der wohl eindrucksvollsten UFO-Fotos überhaupt unterzogen, die dem amerikanischen Ehepaar Trent in der Nähe von McMinnville/Oregon gelangen. Die Untersuchungen bestätigten und ergänzten das Urteil des vom *Condon Committee* der Universität von Colorado mit der Untersuchung beauftragten Experten, daß sich nämlich das abgebildete Objekt nicht durch irgendein bekanntes Phänomen erklären läßt.

Nach Aussage der Eheleute Trent erschien das UFO am Abend des 11. Mai 1950 am Himmel über ihrer kleinen Farm. Mrs. Trent entdeckte es beim Kaninchenfüttern und rief sofort ihren Mann herbei. Mit einer rasch herbeigeschafften Kamera schoß Mrs. Trent zwei Aufnahmen von nur wenige Meter auseinanderliegenden Standorten. Es war kein Geräusch zu hören, während die fliegende Scheibe von Nordosten nach Nordwesten über den Himmel glitt.

Die Trents maßen dem Vorfall zunächst so wenig Bedeutung bei, daß sie noch einige Tage bis zur Entwicklung des Films warteten, da noch einige Aufnahmen auf dem Streifen fehlten. Danach legten sie die Abzüge achtlos beiseite. Erst durch Zufall erfuhr die Lokalzeitung von der Sache. Dann wurden die Bilder jedoch rasch zur Sensation, und schließlich veröffentlichte sie sogar das *Life*-Magazin. Die beiden Aufnahmen waren die einzigen Bilder, die der überaus skeptische *Condon Report* der US-Luftwaffe aus dem Jahr 1967 nicht einfach ignorieren konnte. Der von dem Untersuchungsausschuß eingesetzte Experte, William K. Hartmann, gelangte zu dem Schluß, daß sämtliche Untersuchungen, die sich sowohl auf die Fotos als auch den Schauplatz der Beobachtung erstreckten, die Behauptung nicht erschüttern konnten, »daß ein ungewöhnliches, silbriges metallisch glänzendes, scheibenförmiges und offenbar künstlich geschaffenes Flugobjekt von mehreren zig Metern im Durchmesser vor den Augen zweier Zeugen über den Himmel geflogen sei«. Das vorliegende Material, so sagte er weiter, ließe nicht definitiv auf eine Fälschung schließen – was aus dem Munde eines Mitglieds des Condon Teams beinahe einer Echtheitserklärung gleichkommt.

Natürlich gab es auch um diese Fotos, wie um alle eingehend geprüften UFO-Aufnahmen, Kontroversen. Die neue Technik der

Computeranalyse bot sich an, die Trent-Fotos noch einmal zu untersuchen, um möglicherweise versteckte Informationen aus ihnen herauszuholen.

Die erste Technik, welche die *Ground Saucer Watch* bei der Analyse der Trent-Fotos anwandte, war die der Farbkonturierung. Dabei werden alle Grautöne des Originals in verschiedene Farben umgesetzt, um die Verteilung von Licht und Schatten auf dem Objekt leichter »lesbar« zu machen.

Die Unterseite der Scheibe zeigte keine auffallende Schattierung, was auf eine gleichmäßig beleuchtete ebene Fläche schließen läßt. Das zweite Foto, das die Scheibe von der Seite darstellt, ergab, daß das Zentrum des Objekts deutlich dunkler schattiert erscheint als der äußerste Rand, was wiederum auf einen runden, nach oben schräg zulaufenden Körper hindeutet.

Die Methode der Farbkodierung machte die Verteilung von Licht und Schatten auf dem Foto deutlich sichtbar. Genauere Hinweise auf die exakte Form des abgebildeten Objekts geben detaillierte Computerberechnungen.

Trickaufnahmen zeigen im allgemeinen Gegenstände wie Radkappen oder Schüsseln. Die spezifische Form solcher Gegenstände tritt klar hervor, wenn die Ausschnittvergrößerungen der Farbkonturierung unterzogen werden.

Die untersuchenden Wissenschaftler maßen die Helligkeit des abgebildeten Flugobjekts und verglichen sie mit den Schatten auf der Garage am linken Bildrand. Dabei ergab sich, daß das UFO wesentlich heller war. Die einfachste Erklärung wäre, daß das Objekt sich sehr weit von der Kamera entfernt befand. In diesem Fall lägen atmosphärische Dunstschleier vor der Scheibe – wie ja auch bei klarem Wetter der ferne Horizont blasser erscheint als näher gelegene Objekte. Es wurden jedoch auch andere Faktoren, wie Lichtreflexionen vom Erdboden oder Beläge auf dem Kameraobjektiv, geltend gemacht. Die Einwände lassen sich angesichts der Resultate der Entfernungsbestimmung und anhand der verschiedenen Schärfegrade der Fotos nicht halten. Die Objekte im Vordergrund, wie Telefondrähte und das Haus, erscheinen schärfer als das UFO und weiter entfernte Einzelheiten am Boden.

Der nächste Analyseschritt bestand darin, herauszufinden, ob die Scheibe etwa mit Drähten aufgehängt oder abgestützt war. Dann hätte es sich wohl um ein relativ dicht vor der Kamera postiertes Modell gehandelt. Um das festzuhalten, machte sich das Forscherteam die Fähigkeit des Computers zunutze, Konturen hervorzuheben. Die Bilder, die dabei entstanden, ähneln auf den ersten Blick einem aus rauhem Stein herausgearbeiteten Halbrelief. Helle und dunkle Linien markieren jetzt die Konturen der Einzelheiten des Objekts und selbst winzige Fehler im Negativ. Mit dieser Technik lassen sich Drähte einer Stärke von einem viertel Millimeter auf eine Entfernung von drei Metern ausmachen, die aber in der Umgebung des aufgenommenen Objekts eindeutig nicht feststellbar sind.

Abschließend kam die *Ground Saucer Watch* durch Anwendung verschiedener Analysemethoden zu dem Ergebnis, daß das Foto eine fliegende Scheibe von 20 bis 30 Metern im Durchmesser zeigt, die (wie Laborvergleiche der Lichtreflexionswerte ergaben) aller Wahrscheinlichkeit nach aus poliertem Metall besteht.

Das UFO-Phänomen verdient es fraglos, mit wissenschaftlichen Methoden gründlich und vorurteilsfrei untersucht zu werden. Die moderne Technologie eignet sich dafür hervorragend. Leider gibt es Widerstände. Die Regierungen vieler Länder haben bislang der Öffentlichkeit wesentliches Informationsmaterial vorenthalten. Die US-Regierung zum Beispiel verfügt zu diesem Komplex vermutlich über die größte Datensammlung der Welt mit Aussagen von Mitarbeitern ihrer eigenen Behörden, Angehörigen des Militärs, Polizisten und Bürgern. Von zivilen UFO-Forschern wird schon seit langem behauptet, die US-Geheimdienste wüßten Bescheid über die Existenz und die Herkunft von UFOs. In zahlreichen Fällen hatte die Einschaltung offizieller Stellen in die Untersuchung von UFO-Sichtungen zur Folge, daß Material auf rätselhafte Weise verschwand oder vernichtet wurde. Der Computer und andere moderne analytische Hilfsmittel können allerdings nicht erfolgreich eingesetzt werden, solange wichtiges Beweismaterial zurückgehalten wird.

Mittlerweile gibt jedoch das Informationsfreigabegesetz den

US-Bürgern das Recht, die Herausgabe von archiviertem Informationsmaterial zu erzwingen. Es haben bereits erste gerichtliche Auseinandersetzungen stattgefunden, die dazu führen, daß die Ufologen an Dokumente gelangen, die der CIA gewiß lieber für sich behalten hätte.

Möglicherweise wird sich in dem Maße, wie den offiziellen Stellen immer mehr Informationsmaterial abgerungen wird, herausstellen, daß die US-Regierung in der UFO-Frage viel stärker engagiert ist, als man zunächst vermutete. Es spricht manches dafür, daß eine kleine, noch unbekannte Gruppe innerhalb des Staatsapparats sowohl die öffentliche Meinung als auch die Arbeit der Ufologen manipuliert hat, indem sie Berichte und Daten in unvollständiger oder verfälschter Form herausgab, Gerüchte in die Welt setzte, Ufologen durch »vertrauliche«, aber falsche Hinweise in die Irre führte – und vielleicht hin und wieder sogar eine UFO-Erscheinung selbst inszenierte. Dies hatte dazu gedient, einesteils allgemein den Glauben an UFOs zu stärken – während gleichzeitig andere staatliche Stellen eifrig bemüht waren, UFOs als Hirngespinste oder Schwindel zu entlarven.

Für eine solche Strategie wären mehrere Motive denkbar. So kam es schon vor, daß zur »passenden« Zeit plötzlich einsetzende »UFO-Wellen« die Aufmerksamkeit der Öffentlichkeit von Dingen ablenkten, die der Regierung unangenehm waren. Als Beispiel dafür können die zahlreichen UFO-Sichtungen über Texas und Neu-Mexiko gelten, innerhalb von Stunden, nachdem die Sowjetunion im November 1957 einen zweiten Sputnik gestartet hatte, während die amerikanischen Vanguard-Raketen nicht von ihren Abschußrampen hochkamen.

Der UFO-Mythos könnte dazu dienen, psychologische Erfahrungen darüber zu sammeln, wie Menschen sich verhalten, wenn sie meinen, von unbekannten und möglicherweise bedrohlichen Mächten beobachtet zu werden.

Und drittens könnte die Fülle der angeblichen UFO-Phänomene in den letzten 30 Jahren auch den Zweck erfüllen, gelegentliche Beobachtungen neuentwickelter Flugkörper durch »Unbefugte« zu vertuschen.

Um einen solchen UFO-Mythos zu pflegen und dafür zu sorgen, daß hin und wieder eine UFO-Hysterie ausbricht, brauchten interessierte staatliche Stellen gar nicht allzuviel zu tun. Die UFO-Begeisterten und die breite Öffentlichkeit würden ihnen rasch die Arbeit abnehmen. Zuverlässigere Analysen von UFO-Material aller Art, zu denen besonders die Computertechnik einen wesentlichen Beitrag leistet, könnten solchen Kampagnen entgegentreten und sowohl der Leichtgläubigkeit als auch dem verbohrten Skeptizismus den Boden entziehen. Das ist jedoch nur möglich, wenn das vollständige von der Regierung gesammelte Material den Forschern zur Verfügung gestellt wird.

UFO-Fotos – Mißdeutungen oder Schwindel?

Die erprobten Methoden der Analyse und Beurteilung von UFO-Fotos werden zwar zunehmend durch die Computertechnik ergänzt, aber in keinem Fall ersetzt. Die verfeinerten und entsprechend teuren Analysetechniken kommen vor allem bei solchen Fotos in Frage, die bereits allen Prüfungen in traditionellen Verfahren standgehalten haben. Dies sind jedoch höchstens zehn Prozent aller Aufnahmen.

Ein UFO-Foto muß genauso gründlich überprüft werden wie jede Zeugenaussage. Viele augenscheinlich authentische Aufnahmen könnten deshalb nicht als Beweis für das Auftreten unerklärlicher Phänomene herangezogen werden, weil sie unter ungünstigen Bedingungen entstanden, also etwa der Fotograf zum entscheidenden Zeitpunkt allein war. So überzeugt der untersuchende Ufologe auch sein mag, daß ein Zeuge die Wahrheit sagt, der Skeptiker wird die Möglichkeit einer Trickaufnahme nicht ausschließen wollen.

Weshalb immer wieder Trickaufnahmen?

Sehr häufig stecken hinter Trickaufnahmen finanzielle Motive. Ein Amateurfotograf, dessen Bilder angeblich das Ungeheuer von Loch Ness zeigten, weigerte sich, seine Negative für eine eingehende Untersuchung zur Verfügung zu stellen. Trotz dieser Tatsache und seiner recht widersprüchlichen Aussagen werden seine Aufnahmen bis heute immer wieder groß in der Presse veröffentlicht. Die weltweite Nachfrage nach seinen Publikationen hat ihm schon im ersten halben Jahr etwa zweihunderttausend Pfund eingetragen. Später kassierte er noch weitere Honorare für Vorträge und Interviews. Es gibt also viele Anreize dafür, dem Publikum das zu liefern, was es sehen möchte.

Es ist besonders bei cleveren Schülern schon fast zum Hobby geworden, Trickaufnahmen von »fliegenden Untertassen« herzustellen. Einer der bekanntesten Fälle dieser Art ereignete sich 1962 in Großbritannien. Damals erregte der 14jährige Schüler Alex Birch mit einem Foto Aufsehen, auf dem eine Formation von fünf untertassenähnlichen Objekten zu sehen war. Alex wurde in Funk und Fernsehen interviewt und vom Luftfahrtministerium befragt. Er trat bei der Gründungsversammlung der *British UFO Research Association* auf und erläuterte die näheren Umstände seiner Beobachtung. Erst zehn Jahre später gestand er ein, daß seine so hartnäckig aufrechterhaltene und scheinbar authentische Geschichte nur ein Schwindel war.

Es leuchtet also ein, wie wichtig es ist, für jede UFO-Beobachtung mehrere voneinander unabhängige Zeugen zu haben. Der Idealfall vom Standpunkt des Ufologen aus ist dann gegeben, wenn die übrigen Zeugen mit dem Fotografen weder befreundet noch verwandt sind und sich ausführlich zu den Ereignissen geäußert haben, ehe der Film entwickelt wurde. Die meisten Betrüger haben nicht den Mut, über ihre »Erlebnisse« zu reden, ehe sie die Gewähr haben, daß ihre Bilder auch überzeugend genug sind.

Das erste, was also von einem echten Dokumentar-Foto erwartet wird, ist das Vorhandensein mindestens eines weiteren unabhängigen Zeugen. Die zweite Forderung wäre, daß der Originalfilm – gleichgültig, ob Schwarzweiß- oder Farbnegativ oder Diapositiv – qualifizierten Wissenschaftlern zur Analyse vorgelegt wird, und zwar der vollständige Film, auch wenn nicht alle Bilder das UFO zeigen. Die übrigen Aufnahmen geben nämlich unter Umständen wertvolle Hinweise auf Wetterbedingungen, eventuelles Fett oder Schmutz auf dem Objektiv, mögliche Lichtflecken, besondere Charakteristika des Films.

Zum dritten ist es wichtig, daß auf dem Bild Bezugspunkte erkennbar sind. Zeigt es lediglich ein Objekt vor dem Hintergrund des Himmels, können Entfernung und Größe nicht errechnet werden.

Eine vierte Voraussetzung ist nicht zwingend erforderlich, aber doch wünschenswert. Es sollte möglichst eine Serie von Bildern vorliegen. Sie liefert naturgemäß mehr Informationen als eine einzige Aufnahme. Noch aufschlußreicher ist ein Kamerafilm. Dieser ist schwerer mit Hilfe von Tricks herzustellen als eine Einzelaufnahme und gibt dazu noch Aufschlüsse über die Zeitspanne der Beobachtung. Bei manchen Filmkameras läßt sich die Filmgeschwindigkeit, die normalerweise 24 Bilder pro Sekunde beträgt, verändern; daher ist es wichtig, diese genau festzustellen. Ferner sind Angaben über den verwendeten Fotoapparat, den Film, Entfernung, gewählte Blende und Belichtungszeit wünschenswert. Wurde ein Filter benutzt? Wenn ja, welcher Typ? Weiter ist zu berücksichtigen, ob bei einer Einzelaufnahme diese mit oder ohne Stativ gemacht wurde.

Die Wissenschaftler haben also schon einiges abzuklären, bevor sie das Bild im einzelnen untersuchen. Was geschieht nun?

Im Jahr 1966 wurde die Universität von Colorado von der US-Luftwaffe damit beauftragt, eine Enquete zur UFO-Frage durchzuführen. Der Forschungsbericht erschien schließlich unter dem Titel *Unbekannte Flugobjekte im Lichte wissenschaftlicher Untersuchungen.* Auch wenn dieser vielfach auf Skepsis stieß, enthält er doch unbestritten eine gute Darstellung der Untersuchungsmethoden für das Fotomaterial und kann anderen UFO-Forschern wertvolle Hilfe leisten. Der Analyseprozeß gliedert sich in mehrere Phasen:

Der erste Schritt ist eine subjektive Einschätzung des Bildmaterials. Es wird die fotografische Qualität geprüft. Sind die Fotos zusammen mit den Augenzeugenberichten aussagefähig und in sich schlüssig?

Als zweites gilt es, die Frage zu beantworten, ob sich für das

Bild eine rationale Erklärung finden läßt. Dazu bedarf es umfassender Erfahrung mit astronomischen, meteorologischen, optischen und fotografischen Phänomenen. Obgleich die Möglichkeiten hier sehr vielfältig sind und auch Experten sich oft täuschen lassen, können doch meist in diesem Untersuchungsstadium schon viele Fotos als Fehldeutungen ausgesondert werden.

Im dritten Untersuchungsschritt muß die Möglichkeit einer bewußten Täuschung ausgeschlossen werden. Deuten irgendwelche Anzeichen darauf hin, daß der Originalfilm manipuliert wurde? Bilden die einzelnen Aufnahmen eine durchgängige Serie? Wenn aus der Nummernfolge des Films hervorgeht, daß die Kontinuität unterbrochen ist und die fehlenden Fotos nicht vorgelegt werden können, erhebt sich der Verdacht, daß entweder die Aufnahmen zu verschiedenen Zeitpunkten »gestellt« wurden oder aber der Fotograf die weniger gelungenen Bilder einfach unterschlug.

Stehen Brennweite, Schärfe und Kontrast im Einklang mit den Angaben des Fotografen und anderer Zeugen, daß sich das Objekt mit hoher Geschwindigkeit bewegt habe, müßte es auf dem Bild verschwommen erscheinen.

Aus der Brennweite des Fotos lassen sich recht genaue Schlüsse über die Entfernung des Objekts ziehen. Das ist sehr wichtig, weil bei den meisten Trickaufnahmen kleine Objekte aus kurzer Distanz aufgenommen werden. Doch selbst, wenn sich ergibt, daß das Objekt tatsächlich weit vom Fotografen entfernt war, bleibt doch für ihn immer noch die Möglichkeit, ein alltägliches Objekt, wie etwa ein unter einem ungewöhnlichen Winkel gesehenes Flugzeug, zu fotografieren und das Bild der staunenden Welt als echte UFO-Dokumentation anzubieten.

Bei Tageslichtaufnahmen lassen sich Sonneneinfallswinkel und Wetterbedingungen daraufhin überprüfen, ob sie mit dem angeblichen Datum und Zeitpunkt der UFO-Sichtung zusammenpassen. Wenn man die Höhe eines auf dem Bild sichtbaren Objekts und die Länge seines Schattens bestimmen kann, läßt sich daraus relativ leicht der Sonnenstand errechnen. Aus diesem wiederum kann anhand einer Gestirnbestimmungstafel auf die Tageszeit geschlossen werden. Über Einzelheiten des Wetters am betreffenden

Tag gibt das zuständige Wetteramt Auskunft. Detaillierte meteorologische Informationen sind nicht nur wichtig, um die Zeitangaben der Zeugen zu überprüfen; sondern Daten, wie etwa die Höhe der untersten Wolkenschicht, können auch zur Bestimmung der Flughöhe des Objekts beitragen.

Die Untersuchung der Lichtverhältnisse ermöglicht oft Erkenntnisse, ob die einzelnen Bilder als Sequenz innerhalb eines kurzen Zeitraums aufgenommen wurden. Wenn die UFO-Beobachtung angeblich nur wenige Sekunden gedauert haben soll, die Sonne aber zwischen zwei Aufnahmen um 10 Grad weitergewandert ist, bedeutet das einen zeitlichen Abstand von 40 Minuten, was natürlich an der Glaubwürdigkeit des Zeugen zweifeln läßt.

In dieses Stadium der Untersuchung sollte auch die Kamera einbezogen werden. Bei vielen weichen Blende und Belichtungszeit erheblich von den nominellen Werten ab, und es kann entscheidend sein, die tatsächlichen Daten zu kennen.

Empfehlenswert ist es auch, den Beobachtungsort aufzusuchen – nicht so sehr, um nach konkreten Spuren des UFOs zu suchen, sondern vielmehr, um die auf dem Bild sichtbaren Objekte zu vermessen.

Solche Testreihen überstehen nur wenige Fotos, ohne daß ihre Glaubwürdigkeit geschmälert wird; doch selbst wenn das Ergebnis günstig ausfällt, so handelt es sich doch nur um Ausschlußkriterien. Das abgebildete Objekt ist also weder ein aus der Nähe abgelichteter Gegenstand noch ein Flugzeug oder ein Meteorit.

Leider führt die verbreitete Assoziation des Begriffs »UFO« mit außerirdischem Flugobjekt zu erheblichen Mißverständnissen. Immer wieder wird gefragt: »Gibt es denn UFOs?« Sind tatsächlich jemals Objekte am Himmel gesehen worden, deren Identität nicht geklärt werden konnte? Diese Frage ist ganz eindeutig zu bejahen. Im Grunde ist eigentlich gemeint: Gibt es außerirdische Raumschiffe, die unsere Erde besuchen? Darauf gibt es noch keine endgültige Antwort, da bisher stichhaltige Beweise dafür fehlen.

Es ist daher vielleicht sinnvoller, die Frage etwas bescheidener zu formulieren: Gibt es Fotos, die bislang allen Ausleseverfahren widerstanden haben? Zu den wohl überzeugendsten Beispielen gehören eine Reihe von Einzelaufnahmen, die von Bord eines Schiffes der brasilianischen Marine gemacht wurden, das an wissenschaftlichen Untersuchungen im Rahmen des Internationalen geophysikalischen Jahres beteiligt war. Am 16. Januar 1958 um 12.15 Uhr sahen Besatzungsmitglieder des vor der Insel Trinidad im Südatlantik operierenden Schiffes, wie sich ein seltsames Flugobjekt der Insel mit großer Geschwindigkeit näherte, eine Zeitlang über ihr schwebte, hinter einem Berggipfel verschwand, wieder auftauchte und sich in Richtung Meer entfernte. Almiro Barauna, der sich als privater Fotograf an Bord befand, schoß vier Aufnahmen, auf denen ein Objekt zu erkennen ist, das zwei aufeinander gestellten Schüsseln gleicht.

Diese Beobachtung war in vielerlei Hinsicht nahezu ideal. Es gab viele Zeugen, und die Negative wurden sofort entwickelt, so daß eine Fälschung nahezu ausgeschlossen ist.

Später behauptete die US-Luftwaffe, sie habe den Fall nachgeprüft und sei zu dem Schluß gekommen, daß es sich um einen Schwindel gehandelt habe. Dennoch befindet sich merkwürdigerweise in ihren Akten, soweit sie der Öffentlichkeit zugänglich sind, kein wertender Bericht über den Vorfall. Wenn die Air Force tatsächlich im Besitz von Informationen ist, die ihre Zweifel begründen, so hat sie diese für sich behalten. Bislang sind keine gegen die Echtheit der Bilder sprechenden Beweise veröffentlicht worden. Die brasilianischen Forscher schätzten, daß das abgebildete Objekt einen Durchmesser von 36 Metern hatte und mit 900 bis 1000 km/h flog.

Es gibt noch weitere Fotos, die ähnlich eindrucksvoll Objekte zeigen. Ob es sich dabei jedoch um Besucher aus dem All oder gar um noch exotischere Dinge wie etwa Gedankenprojektionen handelt, läßt sich mit den Mitteln der Bildanalyse allein nicht herausfinden.

Nachweis von UFOs durch Radar

Im Sommer 1952 sah ein Nachrichtenoffizier der britischen Luftwaffe auf der Isle of Wight vor der südenglischen Küste einen ungewöhnlichen Lichtpunkt auf seinem Radarschirm. Ein weiterer kam hinzu, und schließlich bewegten sich neun unidentifizierbare Punkte in einem Tempo über den Schirm, das einer völlig unglaublichen Fluggeschwindigkeit entsprach. Eine Überprüfung des Geräts ergab keinen Defekt. Dann entschwanden die Objekte mit etwa 11 000 km/h außer Reichweite des Radars. Diese Geschwindigkeit überstieg bei weitem die Möglichkeit aller Flugkörper der damaligen Zeit, mit Ausnahme der noch im Stadium der Erprobung sich befindenden Raketen.

Der Offizier verfaßte einen Bericht über das Vorkommnis. Kurz darauf wurde das gesamte Personal der Radarstation zusammengerufen und höflich, aber bestimmt dahingehend »beraten«, daß ein solcher Zwischenfall sich niemals abgespielt habe. Außerdem wurde ausdrücklich auf das Gesetz hingewiesen, das den Umgang mit Staatsgeheimnissen regelt und dem sie besonders verpflichtet seien.

Die Vorschriften gelten für derartige Vorfälle aber nur 30 Jahre. Deshalb berichtete der mittlerweile pensionierte Zeuge 1982 UFO-Forschern von seinem Erlebnis. Er erkundigte sich auch, ob zur gleichen Zeit irgendwelche ungewöhnliche Flugobjekte beobachtet worden seien. Nichts dergleichen war bekannt.

Den Ufologen liegen noch viele ähnliche Zeugenberichte aus aller Welt vor. Sie lassen darauf schließen, daß in den Akten der Militärorganisationen der verschiedenen Staaten eine Fülle solcher Fälle dokumentiert sein müßten, die oft sogar noch durch gleichzeitige Augenzeugenaussagen gestützt sein dürften. Das britische Verteidigungsministerium scheint solchen außergewöhnlichen Radarbeobachtungen offiziell keine große Bedeutung beizumessen. Es behauptete 1982, daß ihm keine weiter als bis 1962 zurückreichenden Berichte dieser Art vorlägen. Das wäre allerdings erstaunlich, denn es würde bedeuten, daß die Royal Air Force beispielsweise keinerlei Unterlagen über jenen bedeutsamen Vorfall von Lakenheath/Bentwaters im August 1956 besäße – einen Fall, der nie geklärt wurde und weiterhin als eins der besten Beispiele überhaupt für das Auftreten eines völlig unbekannten Phänomens gilt. Die andere Möglichkeit, daß Unterlagen über Radarphänomene in Geheimakten vorliegen, ist jedoch noch beunruhigender.

Wenn ein unbekanntes Flugobjekt auf dem Radarschirm geortet wurde, ist das für manche schon fast der Beweis dafür, daß es sich dabei um ein materielles Objekt gehandelt hat – vielleicht sogar einen außerirdischen Flugapparat mit phantastischen Fähigkeiten. In Wirklichkeit lassen solche Radarphänomene jedoch sehr unterschiedliche Deutungen zu. Um dies veranschaulichen zu können, muß zunächst einmal erklärt werden, wie Radar eigentlich funktioniert und es eingesetzt wird.

Das Wort Radar ist eine Abkürzung für Radio Detection and Ranging (»durch Funk auffinden und die Entfernung messen«). Es wurde erstmals während des Zweiten Weltkriegs benutzt. Seine Anwendungsmöglichkeiten im militärischen und zivilen Bereich erweiterten sich in den darauffolgenden Jahren rasch. Anfangs mußte noch viel über das Verhalten der Radarwellen geforscht werden, außerdem waren die eingesetzten Geräte noch nicht ausgereift. Offenbar gab es in den fünfziger Jahren auch viel mehr Radarortungen von UFOs als in den darauf folgenden 20 Jahren. Es drängt sich der Verdacht auf, daß dies an der mangelhaften Beherrschung des Radarsystems lag. Doch auch heute sind die Radargeräte keineswegs perfekt. Zunehmend werden große Anlagen auf Computerbetrieb umgestellt, und solche Übergangsphasen bergen das Risiko von Störungen.

Alle Radaranlagen funktionieren nach dem gleichen Grundprinzip. Eine sich ständig drehende Antenne sendet in kurzen Abständen ein schmales Bündel Radiowellen aus. Dieser Strahl wird zwar nur sehr langsam breiter, deckt jedoch nach ein paar hundert Kilometern bereits mehrere Kilometer Luftraum ab. Stellt sich den Radarwellen ein Objekt in den Weg, so werden diese nach allen Richtungen reflektiert und Signale an die Antenne zurückgeschickt, die in den Intervallen zwischen den Sendephasen solche

Informationen zu empfangen trachtet. Jetzt kann die Position des Objekts genau bestimmt werden. Es muß sich in der Richtung befinden, in welche die Antenne gerichtet ist. Eine Entfernung berechnet sich nach dem Zeitraum zwischen der Abgabe eines Signals und dem Empfang des Echos durch die Antenne. Die Positionen aller auf diese Art georteten Objekte lassen sich auf einem kreisförmigen Bildschirm darstellen. Bei einer einfachen Radaranlage, ohne Anwendung komplizierter Computertechnik, erscheinen auf diesem Schirm Lichtpunkte, deren Helligkeit der Stärke des Echos entspricht.

Diese ist teilweise abhängig von der Größe des Objekts, beruht jedoch noch auf anderen Faktoren – etwa der Form des Objekts und dem Material, aus dem es besteht.

Außerdem kann es sein, daß zwei in relativ dichter Nähe zueinander befindliche Objekte nicht als zwei getrennte Lichtpunkte auf dem Schirm erscheinen. Angenommen, der Radarstrahl geht in einem Winkel von 3 Grad auseinander, dann hat er in einer Entfernung von 40 Kilometern einen Durchmesser von 2,1 Kilometern. Natürlich ist die Deutung der Zeichen auf dem Radarschirm eine komplizierte Arbeit, die gute Sehkraft, einen kühlen und klaren Kopf und viel Erfahrung voraussetzt.

Was die Sache noch erschwert, ist die Vielfalt der Objekte, die auf dem Bildschirm erscheinen können. Berge, Ölraffinerien, Hochhäuser usw. können den Radarstrahl reflektieren, ebenso Insekten und Vogelschwärme. Selbst Luftmassen, die sich in Temperatur, Druck und Luftfeuchtigkeit von der umliegenden Atmosphäre unterscheiden, werden manchmal auf dem Bildschirm sichtbar.

Da feststehende Objekte das Radarbild unnötig komplizieren, sind Anlagen für den Luftverkehr oft mit besonderen Computerfiltersystemen ausgestattet, die auf Knopfdruck die entsprechenden Lichtpunkte eliminieren.

Radaranlagen, die im Dienst der Wetterbeobachtung stehen, arbeiten mit größten Wellenlängen und sind besonders anfällig für Störungen durch Bodenobjekte beziehungsweise Reflexionen der Meeresoberfläche.

Heutzutage haben alle großen und viele kleine Flugzeuge einen kleinen Sender an Bord, der auf ein Radarsignal hin automatisch eine codierte Botschaft zurückschicken kann, die Aufschluß über die Identität, die Höhe und den Bestimmungsort des Flugzeugs gibt. Wenn der Pilot nun auf Aufforderung durch das Radarpersonal hin mit Hilfe dieser Anlage »piept«, erscheinen die Daten neben dem entsprechenden Lichtpunkt auf dem Schirm. Die Computerfilteranlage verdeutlicht das Bild, in dem es alle stationären Objekte – und oft sogar solche, die sich wesentlich langsamer bewegen als ein Flugzeug – wegläßt. Ohne diese Hilfen sähe sich das Radarpersonal einer Menge chaotischer Informationen gegenüber, der es nicht gewachsen wäre.

Unter diesen Bedingungen ist es ziemlich unwahrscheinlich, daß ein UFO überhaupt bemerkt würde, selbst wenn unidentifizierte und sich nicht selbst ausweisende Objekte erfaßt werden. Der Mann am Schirm wird sehr wahrscheinlich überhaupt nicht die Zeit haben, sich den Kopf über sie zu zerbrechen, solange sie keine Bedrohung für die Flugsicherheit darstellen.

Auch der Luftverkehr zwischen den Flughäfen wird mit einem ähnlichen System überwacht. Dafür gibt es in Großbritannien drei Zentren: London, Manchester und das schottische Prestwick. In diesen Kontrollräumen geht es sogar noch lebhafter zu als in einem Flughafentower. Tag für Tag müssen Hunderte von Flugzeugen überwacht und vor Kollisionen bewahrt werden.

Außer dem Flughafenradar gibt es auch noch andere Radarsysteme.

Eine weitere Anwendungsform von Radar ist das Raketenfrühwarnsystem, dessen Stationen sich in Alaska und im nordenglischen Fylingdales befinden. Sie unterliegen der militärischen Geheimhaltung und konzentrieren sich ausschließlich auf weit entfernte Objekte, welche die spezifischen Flugeigenschaften von Raketen aufweisen.

Der amerikanische Ufologe Allan Hendry hat Radarsysteme in den USA untersucht und ist zu dem Schluß gekommen, daß sie zum Aufspüren von UFOs weniger gut geeignet sind, als man dies zuerst angenommen hatte.

Es kommt jedoch vor, daß UFO-Sichtungen durch Radarbeobachtungen bestätigt werden. In einem Jahr geschah dies bei 13 000 dem Zentrum für UFO-Forschung in Evanston (Illinois) eingegangenen Berichten fünfmal. Ein typisches Beispiel war die Sichtung eines orangefarbenen Lichts am Himmel über Fairborn (Ohio). Eine befragte lokale Radarstation erstattete zunächst Fehlanzeige, fing dann aber doch noch ein kurzes, schwaches Signal auf. Nachforschungen ergaben, daß es sich bei dem Objekt um einen Heißluftballon gehandelt hatte. Das schwache und flüchtige Radarecho war auf die leichte Bauart des Ballons zurückzuführen.

In allen fünf Fällen konnten erklärbare Phänomene nachgewiesen werden: drei Ballons und zwei farbig funkelnde Sterne. Bemerkenswert ist jedoch, daß auch bei den Sternen Radarsignale aus der Richtung des vermeintlichen UFOs registriert wurden. Mit solchen Anlagen ist es nämlich unmöglich, ein Radarecho von Himmelskörpern auszulösen. Die Übereinstimmung zwischen Beobachtungen und Radarortung war reiner Zufall.

Jenseits unserer Möglichkeiten?

Wenn UFOs materielle und nicht psychologische Phänomene sind, dann müßten sie eigentlich mit Radaranlagen erfaßbar sein – sofern sie nicht über eine so fortgeschrittene Technik verfügen, daß sie sich für Radarstrahlen unsichtbar machen können. Mittlerweile werden ja auch bereits Flugzeuge entwickelt, die mit Radar nur noch schwer zu erfassen sind. Es ist durchaus möglich, daß die militärische Forschung in dieser Richtung bereits Lösungen erreicht hat.

Diese Annahme würde einen rätselhaften Aspekt der bisher vorliegenden Daten zu Radarbeobachtungen erklären. Der bekannte Ufologe Dr. J. Allen Hynek hat nämlich nachgewiesen, daß unter diesen Fällen viel häufiger nächtliche Lichterscheinungen auftreten als bei UFO-Sichtungen allgemein.

Vielleicht liegt die Ursache darin, daß nächtliche Lichterscheinungen tatsächlich reale Phänomene sind, während es sich in anderen Fällen um Übertreibungen, Irrtümer, Fälschungen, Sinnestäuschungen handelt. Eine andere Möglichkeit wäre, daß bei geheimen militärischen Versuchen tagsüber so etwas wie Radartarnkappen eingesetzt werden – weniger häufig bei Nacht, weil dann das Risiko, entdeckt zu werden, geringer ist.

Im September 1957 stieg ein amerikanischer Bomber vom Typ RB-47 mit einer erfahrenen sechsköpfigen Besatzung von einem Stützpunkt in Kansas auf. Über eine Strecke ihres Fluges wurden sie von einem unglaublich wendigen UFO verfolgt. Es tauchte auf und verschwand wieder, völlig unberechenbar. Der Pilot begann nun seinerseits das UFO zu jagen, war jedoch dessen Manövrierfähigkeit nicht gewachsen. Während das Gespann die Südstaaten überquerte, konnte das UFO eine Stunde lang vom Bodenradar erfaßt werden. Die RB-47 war mit einer sehr modernen Anlage ausgerüstet, die im Kriegsfall Signale des feindlichen Bodenradars aufspüren sollte. Dieses Gerät ortete ein Objekt, das radarähnliche Wellen ausstrahlte, und verfolgte deren Bewegung. Die Besatzung war überzeugt, daß es sich dabei um dasselbe UFO handelte, das Pilot und Co-Pilot sahen.

Aber selbst ein scheinbar so eindeutiger Fall von UFO-Sichtungen läßt sich mit einleuchtenden Hypothesen durchaus in Zweifel ziehen. Philip J. Klass hat nach ausgiebigen Recherchen die These aufgestellt, daß die georteten Wellen von einer Bodenradarstation ausgegangen seien, während Pilot und Co-Pilot nacheinander einen Meteor, ein im Landeanflug befindliches Passagierflugzeug und helle Sterne als UFO fehldeuteten. Eine solche Erklärung der Radarphänomene kann noch als plausibel gelten, die Spekulationen von Klass über die direkte Beobachtung jedoch keinesfalls.

Für Fälle wie diesen schlagen Peter Warrington und Jenny Randles die Bezeichnung UAP (unidentifiziertes atmosphärisches Phänomen) vor, da der Ausdruck UFO von vielen Menschen ganz stark mit Objekten verbunden wird, die von Lebewesen gesteuert werden.

In Großbritannien und den Vereinigten Staaten sind nach offiziellen Angaben seit einiger Zeit keine geheimnisvollen Störfälle in der Bordelektronik mehr vorgekommen. Vielleicht werden sie inzwischen aber nur strenger geheimgehalten; denn in anderen Ländern hat sich eine Reihe beeindruckender Vorfälle dieser Art zugetragen, zum Beispiel das Erlebnis der beiden iranischen Phantomjäger-Piloten im September 1976 (siehe S. 68).

Das UFO war von Zivilisten und Militärpersonal am Boden gesichtet worden. Die Piloten sahen ein strahlendhelles Licht am Himmel. Auf dem Radarschirm erschien eine Serie bunter blinkender Lichter. Dann schoß das Objekt davon, während die Phantom mit Mühe und Not versuchte, ihm auf den Fersen zu bleiben. Plötzlich löste sich ein kleines raketenartiges Geschoß von dem UFO und kam direkt auf den Jäger zugeflogen. Der iranische Pilot faßte dies als Angriff auf und wollte mit einer Luft-Luft-Rakete antworten. In diesem Augenblick mußte er jedoch zu seinem Schrecken feststellen, daß er keine Gewalt mehr über seine Funkanlage und die Bedienungsvorrichtungen für die Bordwaffen besaß, obgleich sich alle anderen Funktionen nach wie vor kontrollieren ließen.

Das kleine Objekt bewegte sich weiter auf den Jäger zu. Instinktiv ging der Pilot in einen steilen Sturzflug und versuchte, die vermeintliche feindliche Rakete abzuschütteln, doch ohne Erfolg. Das »Geschoß« folgte ihm. Dann aber flog es einen Kreis um das Flugzeug und kehrte zum UFO zurück. In diesem Augenblick funktionierten im Phantom die Steuergeräte wieder.

Der Pilot, der keine Zweifel hatte, daß das Objekt materieller Natur war, machte sich wieder an dessen Verfolgung. Eine zweite »Rakete« wurde abgeschossen, diesmal geradewegs Richtung Boden. Während es niederging und einen hellen Lichtschein verbreitete, beschleunigte das UFO auf mehrfache Schallgeschwindigkeit, so daß dem Phantompiloten nichts anderes übrigblieb, als zu seinem Stützpunkt zurückzukehren.

Beim Morgendämmern wurde eine Hubschrauberstaffel beauftragt, den Ort zu inspizieren, wo die »Rakete« den Boden berührt haben mußte. Dort war jedoch keine Spur von ihr zu entdecken.

Wenn die Angaben des Piloten stimmen, so gibt es hierfür nur eine Erklärung: die Existenz einer phantastischen Flugmaschine. Hier handelt es sich eindeutig nicht um ein UAP, sondern um den klassischen Fall einer »fliegenden Untertasse«. Wie von der *Ground Saucer Watch* später enthüllt, nahmen auch die offiziellen Stellen den Vorfall sehr ernst.

Im November 1979 ließ die spanische Luftwaffe ein UFO durch Miragejäger verfolgen, das auf mehreren Radargeräten gesichtet worden war. Das Objekt flog so dicht an einer Verkehrsmaschine vorbei, daß der Pilot notlanden mußte. Dieser Vorfall machte in der ganzen Welt Schlagzeilen.

In der Nacht vom 1. April 1980 erschien auf einem Radarschirm des Zivilflughafens Birmingham ein Objekt, das mit einer steten Geschwindigkeit von nur 71 km/h in südwestlicher Richtung flog (was nicht der Windrichtung entsprach). Es wurde von einem Sportpiloten gesehen und als »eine Art Scheinwerferlicht im Nebel« beschrieben.

Hier mag es sich um ein ungewöhnliches militärisches Flugobjekt gehandelt haben. Der sehr erfahrene Radarspezialist sagte jedoch: »Zum ersten Mal in 20 Jahren habe ich keine Erklärung.« Wenn die nachfolgenden Untersuchungen zu keinem schlüssigen Ergebnis kamen, so zeigt dies, wie kompliziert die Auswertung von Radarbeobachtungen sein kann.

Geheimnisvolle Flugapparate

Die Erklärungsversuche, die in der Vergangenheit für UFOs abgegeben wurden, sind breit gefächert. In früheren Zeiten betrachtete man solche Flugobjekte als Heimsuchungen oder Omen aus dem Reich des Übernatürlichen, die sowohl göttlichen als auch dämonischen Ursprungs sein konnten. In unserem technischen Zeitalter vermutet man, daß es sich bei den Insassen um Besucher aus dem All, Zeitreisende oder Botschafter von Bewohnern des Erdinnern handelt. Andere meinen, daß UFOs entweder Gedankenprojektionen oder aber das Ergebnis massenpsychologischen

Wahns sind. Wissenschaftler, die sich mit der nüchternen Erklärung von UFOs beschäftigen, behaupten, wir hätten es mit Fehldeutungen natürlicher Phänomene oder herkömmlicher Flugzeuge zu tun. Wenn Militärsprecher sich zu dieser Frage äußern, schließen sie jedoch immer die Möglichkeit aus, daß es sich um ungewöhnliche Flugobjekte mit erstaunlichen Fähigkeiten handeln könnte, die vor der Öffentlichkeit geheimgehalten werden sollen.

Die UFOs sehr weit zurückliegender Zeiten waren vielleicht tatsächlich natürliche Phänomene, die damals sehr viel rätselhafter wirken mußten als in unserer technisierten Zivilisation: Erscheinungen wie Nebensonnen, Kometen, Meteore, nachtleuchtende Wolken, Kugelblitze, Luftspiegelungen konnten kaum als das, was sie waren, erkannt werden. Es spricht jedoch vieles dafür, daß die zahlreichen Beobachtungen von »fliegenden Untertassen«, mit denen wir es in jüngster Zeit zu tun haben, auf etwas anderem beruhen: auf Flugkörpern, die auf *unserer Erde* gebaut wurden.

Die ersten »modernen« UFOs waren jene »mysteriösen Luftschiffe«, die zwischen November 1896 und Mai 1897 von Tausenden von Menschen überall in den Vereinigten Staaten gesehen wurden. Zu jener Zeit waren die europäischen Erfinder ihren amerikanischen Kollegen im Bereich der experimentellen Luftfahrttechnik weit voraus, aber weder Franzosen noch Deutsche hatten es bislang geschafft, ein Luftschiff zu konstruieren, das mehr konnte, als nur unkontrollierbar in der Luft zu schweben. Erst 1904 wurde das erste lenkbare Luftschiff – die *California Arrow* von Thomas Baldwin – im kalifornischen Oakland gestartet. Daher waren die mysteriösen Luftschiffe der späten neunziger Jahre damals genauso unerklärlich und furchterregend wie die UFOs heute.

Es ist interessant, daß die geheimnisvollen Flugkörper dieser Zeit durchweg als zylindrisch oder zigarrenförmig mit einer motorbetriebenen Luftschraube beschrieben wurden – also genau so, wie die später aufkommenden Luftschiffe aussahen. Bemannt waren sie mit Menschen, nicht mit Geschöpfen aus einer anderen

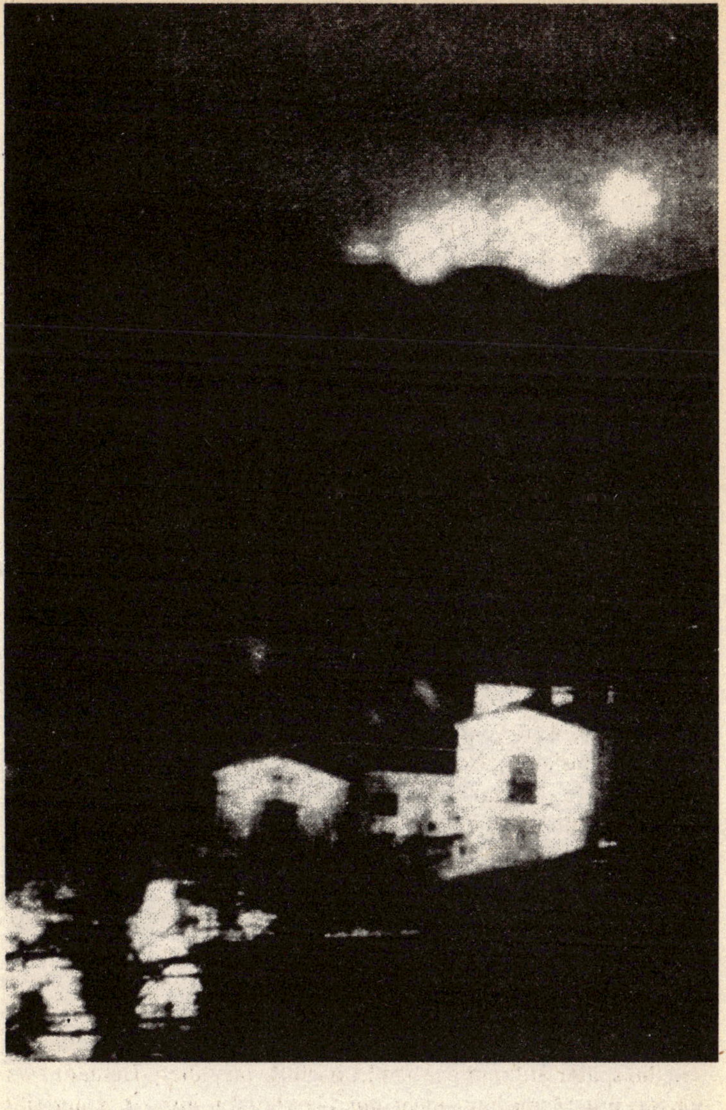

UFOs im Anflug auf ein französisches Dorf im Jahre 1974. Sie hinterließen jedoch keine Spuren, die auf ihre Herkunft hätten schließen lassen.

Das UFO auf der aus Amerika stammenden Fotografie zeigt deutlich die charakteristische Form einer Fliegenden Untertasse. C. G. Jung erklärte deren Faszination für den modernen Menschen mit der archetypischen Bedeutung der Scheibe.

Zwei UFO-Sichtungen aus dem 16. Jahrhundert: Oben ein Holzschnitt aus einer Flugschrift über das „Auftreten vieler großer schwarzer Kugeln in der Luft" am 7. 8. 1566 über Basel; unten rätselhafte Flugkörper in einem Nürnberger Flugblatt von 1561.

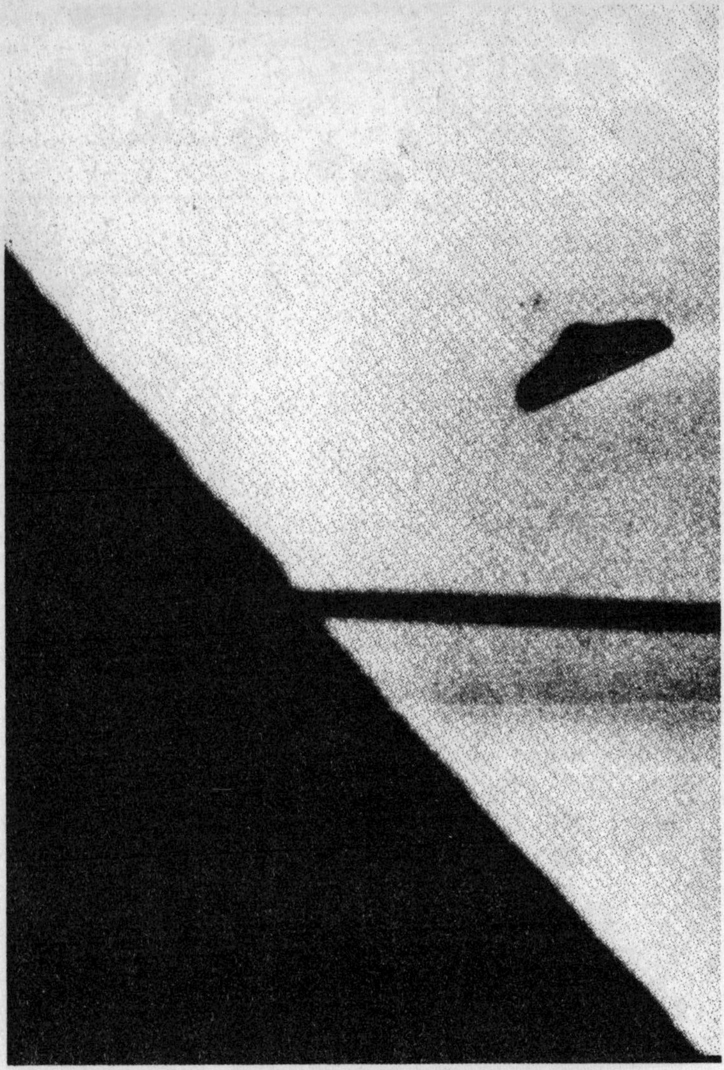

Am 15. Dezember 1966 nahm Anthony Russell vom Fenster seiner Wohnung in Strestham südwestlich von London aus dieses Objekt am Himmel wahr und fotografierte es mehrfach. Die Frage bleibt offen, warum es in ganz London keinen weiteren Augenzeugen dafür gab.

Welt. Vielfach wurde berichtet, daß die Besatzungen mit den Augenzeugen sprachen, ganz gewöhnlich, um sie etwa um Wasser für ihre Motoren zu bitten.

Die im texanischen Houston erscheinende *Post* vom 21. April 1897 berichtete von einem faszinierenden Vorfall: Zwei Tage vorher hatten der Inhaber einer Brauereiniederlassung, G. B. Ligon, und sein Sohn auf der nur wenige hundert Meter entfernt liegenden Weide eines Nachbarn Lichter gesehen. Die beiden gingen der Sache nach und trafen auf vier Männer neben einem »großen dunklen Objekt«, das nur undeutlich zu erkennen war. Einer der Männer bat Ligon um einen Eimer Wasser. Er stellte sich als Mr. Wilson vor und erzählte, daß er und seine Freunde mit einem Flugapparat unterwegs seien. Sie hätten einen Ausflug »über den Golf hinaus« gemacht und wollten jetzt zurück in die »friedliche kleine Stadt in Iowa«, wo ihr Luftschiff und vier weitere des gleichen Typs gebaut worden seien. Auf neugierige Fragen erklärte Wilson, die Flügel des Luftschiffs würden elektrisch angetrieben. Dann stieg er mit seinen Freunden wieder in die unten am Luftschiff angebrachte Passagiergondel und flog vor den Augen der beiden Zeugen davon.

Am nächsten Tag, dem 20. April, ging der Sheriff H. W. Baylor aus dem texanischen Uvalde hinter sein Haus, weil er dort ein seltsames Licht bemerkt und Stimmen gehört hatte. Er stieß auf ein Luftschiff und drei Männer, von denen sich einer als Mr. Wiison aus Goshen/New York vorstellte. Wilson erkundigte sich nach einem gewissen C. C. Akers, dem früheren Sheriff des Bezirks Zavalia, den er 1877 in Fort Worth kennengelernt hatte und jetzt wiedertreffen wollte. Sheriff Baylor erwiderte überrascht, Akers wohne jetzt in Eagle Pass. Wilson, offensichtlich enttäuscht, bat ihn, Grüße zu bestellen. Die Männer aus dem Luftschiff verlangten noch nach Wasser und bestanden darauf, über ihren Besuch zu schweigen. Dann stiegen sie in die Gondel des Luftschiffs. »Die großen Flügel und Propeller setzten sich in Bewegung, und das Gefährt flog in nördlicher Richtung davon.« Auch der Geistliche der Stadt behauptete, das Luftschiff gesehen zu haben.

Zwei Tage später erwachte der Farmer Frank Nichols im texanischen Josserand von einem »schwirrenden Geräusch«. Er sah aus dem Fenster und entdeckte »helle Lichter, die von einem massigen, bizarr geformten Vehikel in seinem Kornfeld ausgingen«. Nichols wollte der Sache auf den Grund gehen, aber noch ehe er das seltsame Etwas erreicht hatte, kamen zwei Männer auf ihn zu und baten ihn um Wasser aus seinem Brunnen. Als er ihren Wunsch erfüllt hatte, luden sie ihn zur Besichtigung ein. Von den acht Besatzungsmitgliedern erfuhr er, daß das Luftschiff »mit starkem Strom« angetrieben werde und eins von fünf Exemplaren sei, die mit der finanziellen Unterstützung einer großen New Yorker Firma »in einer kleinen Stadt in Texas« erbaut worden seien.

Am nächsten Tag, dem 23. April, berichteten zwei weitere, als »verantwortungsbewußte Bürger« beschriebene Zeugen in der *Post,* daß ein Luftschiff bei ihnen daheim in Kountze (Texas) gelandet sei und zwei der Besatzungsmitglieder sich als Jackson und – Wilson vorgestellt hätten.

Am 27. April veröffentlichte die *Daily News* in Galveston einen Brief von C. C. Akers, in dem dieser bestätigte, daß er tatsächlich einen Mann namens Wilson in Fort Worth gekannt hätte, der aus New York stamme. Wilson sei »technisch sehr begabt«, habe damals »etwas mit Luftfahrt zu tun gehabt und an einer Sache gearbeitet, welche die Welt in Erstaunen versetzen sollte«.

Kurz darauf berichtete die Houstoner *Post* im texanischen Deadwood von einem Farmer namens H. C. Lagrone, der nachts bemerkte, wie sein Pferd sich aufführte, als würde es gleich durchgehen. Als er draußen nach dem Rechten sehen wollte, beobachtete er, wie ein helles weißes Licht in der Nähe über die Felder schwebte und das Terrain beleuchtete, ehe es landete. Dort stieß Lagrone auf fünf Männer. Sie füllten gerade zwei Gummisäcke mit Wasser und erzählten, ihr Luftschiff sei eins der fünf, die in der letzten Zeit in der Gegend umhergeflogen und auch bereits in Beaumont gelandet seien. Alle seien in einer »Stadt im Innern von Illinois« (das an Iowa grenzt) gebaut worden. Mehr wollten sie nicht sagen, weil dem Flugapparat noch das Patent fehle.

Was steckte hinter diesen sonderbaren Vorfällen? Es ist nicht auszuschließen, daß die Aussagen der Luftschiffbesatzungen stimmten. In den späten neunziger Jahren meldeten nämlich zahlreiche Erfinder in den Vereinigten Staaten Patente auf ihre Luftschiffspläne an. Da viele jedoch Ideendiebstahl fürchteten, hielten sie ihre Konstruktionen geheim. Die aerodynamische Forschung war schon weit fortgeschritten, insbesondere in Massachusetts, wo auffallend viele mysteriöse Luftschiffe gesichtet wurden, und in New York, der angeblichen Heimatstadt Wilsons. Ein Mann wie er hätte am Massachusetts Institute of Technology die informellen Kurse über Aerodynamik besuchen können, um danach an der Cornell Universität in Itchica (New York) seine Studien zum Abschluß zu bringen.

Man hörte nichts mehr von dem geheimnisvollen Mr. Wilson. Aber in den darauffolgenden Jahren schritt die Luftfahrttechnik rasch voran. 1901 war Santos-Dumont mit einem Luftschiff in weniger als 30 Minuten von St. Cloud zum Eiffelturm und wieder zurück geflogen. Zwei Jahre später starteten die Gebrüder Wright in Kitty Hawk (North Carolina) zum ersten Flug mit einem Fluggerät, das schwerer als Luft war, und 1906 begann der Amerikaner Robert Goddard mit seinen Raketenversuchen. Am letzten Dezembertag 1908 flog Wilbur Smith 123 Kilometer in zweieinhalb Stunden. Sieben Monate später überquerte der Franzose Louis Blériot den Ärmelkanal.

Ist es möglich, daß noch spektakulärere Entwicklungen stattgefunden hatten, ohne daß die Öffentlichkeit davon erfuhr? Die Vielzahl von UFO-Sichtungen zu Beginn des 20. Jahrhunderts und die gleichzeitigen raschen technologischen Fortschritte deuten darauf hin.

In den Jahren 1933/34 kam es zu einer richtigen »UFO-Welle« in Skandinavien. Eine Vielzahl von »Geisterflugzeugen« wurde gesichtet, deren Verhalten die Möglichkeiten der damaligen Luftfahrt weit überschritt. Sie wurden als Eindecker, zumeist von grauer Farbe, beschrieben. Manchmal sahen die Augenzeugen sogar Besatzungsmitglieder an Bord. Häufig legten die Flugzeuge mit abgestellten Motoren lange Strecken im Gleitflug zurück – für die herkömmlichen Flugzeuge der Zeit ein undurchführbares Manöver. Zuweilen richteten sie helle Suchscheinwerfer auf den Erdboden.

1934 begann die schwedische Luftwaffe, die entlegenen Gebiete, über denen die Geisterflugzeuge gesichtet wurden, gründlich abzusuchen. Zwei der 24 Aufklärer stürzten dabei ab. Man fand keine Spur von Flugbasen. Im April 1934 erklärte ein hoher schwedischer Offizier vor der Presse:

»Der Vergleich der Berichte ergibt, daß über unseren geheimen militärischen Sperrgebieten zweifellos ein illegaler Flugverkehr existiert... In allen Fällen wurde gemeldet, daß die Maschinen keinerlei Hoheits- oder Kennzeichen trugen... das Ganze läßt sich unmöglich als Einbildung abtun. So stellt sich die Frage: Wer sind die Eindringlinge? Und warum haben sie unseren Luftraum verletzt?«

Die gleichen Fragen stellte man sich auch in Norwegen und Finnland, wo ähnliche Beobachtungen gemacht wurden. Sie ließen sich jedoch nie befriedigend beantworten.

Das »Zeitalter der Luftfahrt« wuchs innerhalb weniger Jahrzehnte aus seinen Kinderschuhen heraus. Die Deutschen brachten bald die vergleichsweise hochentwickelte V 2-Rakete hervor. Ist es möglich, daß Menschen in den Vereinigten Staaten und einigen europäischen Ländern Zeugen der geheimen Luftfahrtexperimente ihrer eigenen Regierungen wurden?

Das Tempo des Fortschritts in der Luftfahrt beschleunigte sich während des Zweiten Weltkriegs noch weiter. Düsenflugzeuge, radargelenkte Raketen, Waffen und Bomber von ganz neuen Dimensionen wurden entwickelt, und prompt trat auch die Beobachtung mysteriöser »Flugobjekte« in eine neue Phase: im Deutschland des Zweiten Weltkriegs.

UFOs ziehen in den Krieg

»Die Nazis haben etwas Neues am nächtlichen Himmel über Deutschland losgelassen: Die gespenstischen ›Foo fighter balls‹, die neben den in den deutschen Flugraum eingedrungenen feindlichen Jägern herfliegen. Seit über einem Monat schon treffen Piloten bei ihren nächtlichen Einsätzen auf diese unheimliche Waffe. Offenbar weiß bisher niemand, wie sie beschaffen ist. Die ›Feuerbälle‹ tauchen plötzlich auf und hängen sich für viele Kilometer an die Flugzeuge. Sie scheinen vom Boden aus ferngesteuert zu sein ...«

Die dieser Meldung zugrunde liegenden Beobachtungen wiesen bemerkenswerte Ähnlichkeit auf. Lieutenant Schlueter von der 415. Nachtjägerstaffel der US-Luftwaffe berichtete, er sei in der Nacht des 23. November 1944 über dem Rhein von »zehn kleinen rötlichen Feuerbällen« verfolgt worden. Die Piloten Henry Giblin und Walter Cleary gaben an, in der Nacht des 27. September 1944 in der Nähe von Speyer von »einem riesigen feurigen Licht« gejagt worden zu sein, das mit etwa 400 km/h über ihrem Flugzeug dahinraste. Zwei Punkte tauchen in fast allen diesen UFO-Meldungen auf: Die von den Amerikanern so bezeichneten »Foo fighter balls« schienen vom Boden zum Flugzeug emporzusteigen und bewirkten gewöhnlich Zündstörungen im Flugzeugmotor.

Anfangs hielten die Alliierten diese »Foo fighter balls« für statische Elektrizität. Nachdem dies ausgeschlossen war, glaubten sie zunehmend an eine deutsche oder japanische Geheimwaffe, die das Zündsystem der Bomber stören sollte. Einer anderen Theorie zufolge handelte es sich um rein psychologische Waffen, die nur den Sinn hatten, die alliierten Piloten zu verwirren und nervös zu machen. Als sich das Rätsel nicht lösen ließ, erklärte sowohl die Royal Air Force als auch die 8. US-Army die »Foo fighter balls« offiziell zu Produkten einer »Massenhalluzination«.

Die »Foo fighter balls« verschwanden wenige Wochen vor Kriegsende. Die nächste UFO-Welle suchte Westeuropa und Skandinavien heim, wo zwischen 1946 und 1948 seltsame zigarren- und untertassenförmige Objekte gesichtet wurden. Am 21. Juni 1947 meldete Herold Dahl, daß er mehrere untertassenförmige Objekte in Richtung der kanadischen Grenze fliegen gesehen habe. Kenneth Arnold beobachtete die berühmten Untertassen über dem Kaskadengebirge, die sich ebenfalls der kanadischen Grenze näherten. Es wurde spekuliert, daß sowohl die Sowjets als auch die Amerikaner unter Verwendung des in Deutschland beschlagnahmten Materials und der »vereinnahmten« deutschen Experten scheibenförmige Fluggeräte entwickelten.

Diese Spekulationen erhielten noch Nahrung, als Mitte der fünfziger Jahre in der deutschen Presse die Geschichte des Flugkapitäns Rudolf Schriever erschien. Der ehemalige Luftwaffeningenieur hatte, so die Berichte, im Frühjahr 1941 den Prototyp einer Art fliegender Untertasse entwickelt, die im Juni 1942 erprobt wurde. Im Sommer 1944 baute er zusammen mit seinen Mitarbeitern Habermohl, Miethe und Bellonzo eine noch größere Version des ursprünglichen Flugobjekts. Dieses Modell wurde im BMW-Werk bei Prag auf modernen Düsenantrieb umgerüstet.

Nicht lange nach diesen Enthüllungen starb Schriever, bis zuletzt überzeugt davon, daß seine Ideen, wie die UFO-Sichtungen bewiesen, mit Erfolg von anderen aufgegriffen worden waren. Aber was hatte es mit den »Foo fighter balls« auf sich? Der Italiener Renato Vesco meint in einem 1968 veröffentlichten Buch, es habe sich dabei um die deutsche Waffe »Feuerball« gehandelt – einen flachen, kreisförmigen, von einer Turbodüse angetriebenen Flugapparat, der im Endstadium des Krieges sowohl zu Radarstörzwecken als auch als psychologische Waffe eingesetzt wurde. Vesco behauptet weiter, daß nach den gleichen Grundprinzipien später der »Kugelblitz« gebaut wurde, ein weit größerer »symmetrischer runder Flugkörper«, der mit Düsenantrieb senkrecht aufsteigen konnte.

Da wohl nie enthüllt werden wird, was Briten, Amerikaner und Sowjets wirklich in den geheimen deutschen Rüstungswerken fanden, sei hier Sir Roy Feddon zitiert, der 1945 im Auftrag des britischen Flugzeugbauministeriums die deutschen Produktionsstätten inspizierte:

»Ich habe genug von ihren Entwürfen und Produktionsplänen gesehen, um eines sagen zu können: Wäre es den Deutschen gelungen, den Krieg nur um ein paar Monate hinauszuziehen, wären wir mit einer ganzen Reihe völlig neuartiger und tödlicher Luftkampfwaffen konfrontiert worden.«

War es wirklich mehr als Propaganda, wenn Hitler und Goebbels von den zu erwartenden »Wunderwaffen« sprachen?

Den ersten konkreten Hinweis darauf, daß auch in der Nachkriegszeit fliegende Untertassen weiterentwickelt wurden, gab die kanadische Regierung im Jahr 1954, als sie erklärte, das 1951 über Albuquerque in Texas gesichtete Riesenufo gleiche einem Flugkörper, mit dessen Entwicklung das kanadische Militär kurz nach dem Krieg begonnen habe. Wegen ihrer beschränkten technischen Möglichkeiten habe die kanadische Regierung dann den USA die Pläne überlassen.

Daß die USA mit der Entwicklung untertassenförmiger Flugkörper befaßt waren, beweist auch der »Flapjack« der US-Marine, dessen Entwicklung schon während des Zweiten Weltkriegs begonnen hatte. Auch »Navy Flounder« genannt, war er die Antwort auf den dringenden Bedarf der Marine an einem Luftfahrzeug, das von Flugzeuträgern nahezu senkrecht starten und auch mit nur 45 km/h fliegen konnte.

Über dieses Modell wußte man kaum etwas, bis 1950 die US-Luftwaffe Fotos und vorsichtige Informationen über den »Flying Flapjack« freigab, um der Öffentlichkeit zu beweisen, daß das UFO-Problem überhaupt nicht bestehe.

Zunächst hatte man Probleme mit der Stabilität des Flugzeugs, das ja keine Tragflächen besaß. Gelöst werden konnten diese Schwierigkeiten mit einem späteren Typ, der die Bezeichnung XF-5-U-1 getragen haben soll, angeblich über 30 m Durchmesser hatte und am Rand ringsum mit Düsenöffnungen ausgestattet war, die den von so vielen UFO-Sichtungen her gemeldeten »leuchtenden Fenstern« ähnelten. Es bestand aus drei Schichten, von denen die mittlere etwas hervorstand. Da Geschwindigkeit und Manövrierfähigkeit mit Düsen gesteuert wurden, gab es weder Quer- noch Seitenruder. Der Flugapparat hatte also bemerkenswerte Ähnlichkeit mit den von vielen Zeugen geschilderten UFOs.

Mit der XF-5-U-1 war jedoch die Entwicklung untertassenförmiger Flugzeuge keineswegs abgeschlossen. Am 11. Februar 1953 berichtete der im kanadischen Toronto erscheinende *Star,* daß man im Avro-Canada-Werk in Malton (Provinz Ontario) dabei sei, eine neue fliegende Untertasse zu entwickeln. Und am 16. Februar informierte der kanadische Rüstungsminister das Parlament, daß Avro-Canada an einem untertassenähnlichen Flugzeugtyp arbeite, der 2400 km/h Geschwindigkeit erreichen und senkrecht aufsteigen sollte. Schließlich schrieb der Präsident der Avro-Canada in der *Avro-News,* daß der im Bau begriffene Prototyp so revolutionäre Eigenschaften besitze, daß alle anderen Überschallflugzeuge überholt sein würden. Der offizielle Name dieses Flugzeugs war »Avro-Car«.

1960 jedoch wurde das Projekt fallengelassen. Der Prototyp des Avro-Car befindet sich jetzt im amerikanischen Luftwaffenmuseum in Fort Eustis (Virginia). Die kanadische und die nordamerikanische Regierung beteuern seither immer wieder, daß sie keine fliegende Untertassen mehr bauen.

Aber ist das die Wahrheit? Es besteht immerhin die Möglichkeit, daß Kanada, die USA oder die GUS-Staaten nach wie vor an hochentwickelten, untertassenförmigen Überschallflugzeugen arbeiten. Die an dieser Entwicklung Beteiligten wissen, daß es unmöglich ist, die Maschinen unter absoluter Geheimhaltung zu erproben, und täuschen deshalb vielleicht durch eine systematische Vernebelungstaktik die Öffentlichkeit.

Können von Menschenhand gefertigte Fluggeräte überhaupt solche unglaublichen Flugeigenschaften aufweisen, wie sie UFOs zugeschrieben werden?

Wenn die Entwicklungen der modernen Wissenschaft und Technik – wie Düsenflugzeuge, Weltraumraketen, Beobachtungssatelliten, Laserwaffen – nur die Spitze eines Eisbergs sind und das, was in den streng geheimen militärischen und wissenschaftlichen Forschungsanlagen vor sich geht, dem uns Bekannten wohl um Jahrzehnte voraus ist, dann kann diese Frage nur mit »ja« beantwortet werden.

Geheimwaffen und Roboterwesen

Hätte sich ein so ungewöhnliches Forschungsprojekt wie die Entwicklung fliegender Untertassen vom Zweiten Weltkrieg bis jetzt geheimhalten lassen? Und wäre es unserer heutigen Technologie zuzutrauen, Flugkörper mit so außerordentlichen Eigenschaften hervorzubringen, wie sie UFOs so oft zugeschrieben werden?

Auf jeden Fall wäre es durchaus möglich, die notwendigen Forschungseinrichtungen vor der Öffentlichkeit und den Medien zu verbergen. Die geheimen Anlagen der Deutschen im Krieg waren gigantisch. Sie umfaßten Windkanäle, Motoren, Werkstätten, Montagehallen, Raketenabschußrampen, Vorratslager und Unterkünfte für Tausende von Beschäftigten. Und doch wußten nur wenige Außenstehende von ihrer Existenz. Auch die Cheyenne-Anlagen in Colorado Springs, die vom US-Luftraum-Verteidigungskommando betrieben werden, bilden eine unterirdische Stadt in einer großen Berghöhle. Sie ruhen auf gigantischen Stoßdämpfern, welche die Wucht eines nuklearen Angriffs abfangen sollen, sind von kilometerlangen Tunnels durchzogen, hermetisch von der Außenwelt abgeschirmt und aus der Luft unsichtbar. Nur wenige Menschen außer den dort Beschäftigten (die sich durch Eid zur Geheimhaltung verpflichtet haben) wissen, was hier vor sich geht.

Es ist also nicht auszuschließen, daß auch in anderen Teilen der Welt, etwa in den weiten, unbesiedelten Gegenden der früheren Sowjetunion und Nordamerikas, der Arktis und der Antarktis, ähnlich große und komplexe Anlagen zur Entwicklung hochmoderner UFO-ähnlicher Fluggeräte existieren können.

Während sich die Konstruktion solcher Fluggeräte möglicherweise noch geheimhalten läßt, ist dies jedoch nicht mehr bei ihrer Erprobung oder gar beim Einsatz für Spionageaufgaben möglich. Daher ist es durchaus denkbar, daß eine Vernebelungstaktik herhalten muß, die Einschüchterung von UFO-Augenzeugen ebenso umfaßt wie die Einsetzung offizieller Untersuchungsgremien, deren Arbeit dann planmäßig ergebnislos verläuft.

Diese Theorie würde einiges zur Erklärung so repressiver Maßnahmen beitragen, wie jene US-Generalstabsverfügung vom Dezember 1953, welche die unautorisierte Weitergabe von Informationen über UFO-Sichtungen einem Spionageverbrechen gleichstellt, das mit einer Haftstrafe von ein bis zehn Jahren oder einer Geldstrafe von $10000 bedroht wird.

Doch selbst angenommen, die fliegenden Untertassen sind von Menschenhand gemachte Flugobjekte, bleibt noch die zweite und gewichtigere Frage: Sind die von UFO-Augenzeugen geschilderten ungewöhnlichen Fähigkeiten und das ungewöhnliche Äußere der Besatzung durch unsere moderne Technik erklärbar?

In seinem Standardwerk *Ufology* versucht James M. McCampbell auf der Grundlage seiner Studien der Ingenieurwissenschaften und der Physik in allen Einzelheiten der Frage nachzugehen, welche Konstruktionsvoraussetzungen UFOs besitzen müßten, um die Geschwindigkeiten zu erreichen und die Manöver durchführen zu können, die ihnen zugeschrieben werden. Danach wäre in erster Linie eine Antriebsart notwendig, die bislang nur auf dem Reißbrett existiert: etwa Ionenraketen, die einen Strahl mittels extrem starker elektrischer Felder auf hohe Geschwindigkeiten beschleunigter Ionen ausstoßen, oder Kernfusionsraketen, bei denen unablässig aufeinanderfolgende Wasserstoff-Explosionen das Flugobjekt durch die Luft schießen lassen würden. Möglich wäre auch die Verwendung eines Antigravitationsschildes – eventuell in Kombination mit einer der genannten Antriebsformen.

McCampbell behauptet, daß für den Start eines typischen UFOs die Energiemenge einer Atombombenexplosion notwendig wäre. Dabei würde der Flugkörper auf etwa 85 000 Grad Celsius erhitzt und starke Radioaktivität am Boden und in der Atmosphäre freigesetzt, sofern dabei nicht ein Antigravitationsschild eingesetzt würde. Dann nämlich besäße das Objekt faktisch keine Masse mehr, und es wäre nur noch eine geringe Kraft notwendig, um es rasch zu beschleunigen. Damit wäre auch erklärt, weshalb UFOs im Nu verschwinden, abrupt stehenbleiben und scheinbar unmögliche rechtwinklige Kursänderungen vollführen können.

In diesem Zusammenhang ist erwähnenswert, daß bereits 1965 allein in den Vereinigten Staaten mindestens 46 nicht geheime Forschungsobjekte im Zusammenhang mit der Gravitation durchgeführt wurden – von der Luftwaffe, Marine, Armee, NASA, Atomenergiekommission und der *National Science Foundation*. Vor diesem Hintergrund ist durchaus anzunehmen, daß unter strikter Geheimhaltung noch weiter fortgeschrittene Projekte sowohl im

Hinblick auf Antigravitationsmechanismen als auch auf die oben genannten Antriebsformen durchgeführt wurden.

Ein weiterer mysteriöser Aspekt des UFO-Phänomens ist die große Zahl von Fällen, in denen UFOs auf Fotografien zu erkennen waren, ohne daß deren Urheber ein solches Objekt durch den Sucher gesehen hätten. Diese Tatsache und die Erfahrung, daß noch nie ein UFO von einem Beobachtungssatelliten erfaßt wurde, haben zu der Spekulation geführt, UFOs könnten möglicherweise die Fähigkeit besitzen, sich für das menschliche Auge unsichtbar zu machen.

Möglicherweise experimentieren zivile und militärische Forschung schon seit Jahren in dieser Richtung. Es ist auch immer wieder behauptet worden, daß jenes berühmte »Philadelphia-Experiment« von 1953, bei dem sich angeblich ein Schiff der US-Marine dematerialisierte, um dann an anderer Stelle wieder Gestalt anzunehmen, Teil eines solchen Projekts war. Allerdings wird dieses kaum vorstellbare Ereignis bis heute angezweifelt.

Wie soll man nun die Aussage von Zeugen bewerten, die behaupten, unmittelbare Verbindung zu Besatzungsmitgliedern der UFOs gehabt zu haben? Allgemein wird von den Kontaktierten eine Willenlosigkeit und die Unfähigkeit, Widerstand zu leisten, geschildert. Sie hätten sich zu den Außerirdischen »hingezogen« gefühlt und »gezwungen gesehen«, ihnen zu gehorchen – sogar, wenn die Wesen keinen Laut äußerten. Ein weiteres durchgängiges Merkmal solcher Berichte ist ein Gefühl der Entfremdung, Unwirklichkeit und Loslösung vom eigenen Ich. Die Kontaktpersonen benahmen sich allesamt wie programmierte Roboter. Nach anfänglicher Furcht »beruhigten« oder »hypnotisierten« sie die Außerirdischen mit verschiedenen Mitteln: einem Lichtstrahl, einem metallenen Gegenstand, der ihnen in den Nacken gedrückt wurde, durch »Handauflegen«, durch von den Händen der Wesen ausgehende Wellen oder auch durch sonderbare, oft unbeschreibliche Laute. All dies erscheint nach unserem heutigen Wissensstand auch mit irdischen Mitteln durchaus möglich.

Experimente mit Gehirnströmen haben gezeigt, daß Licht und Geräusche erhebliche psychische und körperliche Wirkungen bei ganz normalen Menschen auslösen können. So vermag etwa ein acht- bis zwölfmal pro Sekunde aufleuchtendes Licht, das in der Frequenz den Alphawellen im Gehirn gleicht, überaus heftige Reaktionen hervorzurufen: Zuckungen der Gliedmaßen, Schwächezustände, Blutleere im Kopf oder gar Bewußtlosigkeit. So wäre es also durchaus möglich, daß der von so vielen Kontaktpersonen beschriebene »Lichtstrahl« durch Flackern einer bestimmten Frequenz eine hypnoseartige Wirkung oder Halluzinationen hervorruft.

Gleichermaßen erwiesen ist, daß Infraschall, der unmittelbar unter der für das menschliche Ohr gerade noch hörbaren Frequenz liegt, Menschen in ähnlicher Weise beeinflussen kann. Das würde erklären, weshalb sich viele Zeugen im unklaren darüber sind, ob sie nun etwas »hörten« oder »fühlten«. Tatsächlich können Schallwellen niedriger Frequenzen nicht nur die Gehirntätigkeit beeinflussen, sondern auch physische Veränderungen bewirken wie etwa schwere Migräne (worüber viele der Betroffenen klagten) und eine zeitweilige Lähmung der Gliedmaßen.

Immer wieder berichteten Menschen, die sich in der Gewalt von Außerirdischen befunden haben wollen, daß diese ihnen die Hand oder auch einen »metallenen Gegenstand« seitlich an den Hals preßten und sie auf diese Weise bewußtlos oder vorübergehend willenlos machten. Dabei könnte es sich durchaus um eine Form der Hypnose handeln, die wir unter der Bezeichnung »Carotismethode« kennen und bei welcher Druck auf ein in der Nähe des Ohres gelegenes Blutgefäß ausgeübt wird. Auf diese Weise wird der Blutzustrom zum Gehirn reduziert, wodurch die behandelte Person verwirrt wird und leicht auf hypnotische Suggestionen reagiert. Es ist wohl anzunehmen, daß hinter Berichten dieser Art am ehesten Halluzinationen, Schockzustände oder mit dem Mittel der Hypnose gezielt herbeigeführte Bewußtseinstrübungen stehen.

Ohne die Grenzen des Glaubhaften zu überschreiten, kann behauptet werden, daß mit der modernen Prothesen- und Robotertechnik, der Gentechnik und Kybernetik sogar die Realisierung eines noch furchterweckenderen Projektes möglich ist: die Konstruktion technisch hochentwickelter, scheibenförmiger Flugapparate, gelenkt von programmierten oder ferngesteuerten »Roboterwesen« – Zwitterwesen aus Mensch und Maschine.

Zu weit hergeholt? Keineswegs. David Rorvik nennt als eines der wissenschaftlichen Projekte im Zusammenhang mit der Erkundung ferner Regionen des Weltraums und der Planeten Mond und Mars die Entwicklung eines Roboterwesens, das weit beweglicher und mit Sicherheit effizienter wäre als unsere heutigen Astronauten. Dieses Wesen mit künstlich gekühltem Blut bräuchte weder Mund noch Nase. Die zur Ernährung und zum Schutz des Körpers notwendigen chemischen Substanzen und konzentrierten Nährstoffe würden im Blutkreislauf immer wieder neu aufbereitet, die Verständigung erfolgte über unmittelbar von den Stimmbändern ausgehende Funksignale.

Wie weit solche Projekte bereits gediehen sind, ist nicht bekannt. Folgendes aber scheint im Bereich des Machbaren zu liegen: Bereits 1967 wagte Professor Robert White vom Cleveland Metropolitan General Hospital gegenüber der prominenten Journalistin Oriana Fallaci die Behauptung: »Wir können den Kopf eines Menschen auf den Rumpf eines anderen Menschen verpflanzen ... und zwar heute und mit den gegenwärtig verfügbaren Mitteln.«